Alberta Giani   Terri Mannarini
Maurizia Pierri   Giovanni Scarafile

# S/Fidarsi

## Quattro saggi sulla fiducia

Lulu

© 2011 Lulu Enterprises Inc.
ISBN 978-1-4710-2649-2

Alberta Giani, Terri Mannarini, Maurizia Pierri,
Giovanni Scarafile, *S/Fidarsi. Quattro saggi sulla
fiducia*, Lulu, Raleigh, NC 2011

# INDICE

## Falchi o colombe? Fiducia e cooperazione nei processi decisionali inclusivi     *71*

Terri Mannarini

## Razionalizzazione e rapporto di fiducia nella forma di governo parlamentare     *115*

Maurizia Pierri

# Introduzione

Tra i concetti che nel corso del tempo hanno attraversato più ambiti disciplinari, sedimentando all'interno di ciascuno di essi strati di riflessione, ricerca e conoscenza, la fiducia appare – perlomeno agli occhi di chi scrive – uno dei più fecondi, per le molte implicazioni e applicazioni cui dà vita. Se volessimo sintetizzare, ovviamente astraendo, quanto emerge dagli eterogenei contributi raccolti in questo volume – che spaziano dalla psicologia alla filosofia e al diritto – potremmo individuare due direttrici lungo le quali il tema della fiducia viene affrontato e declinato, e quattro livelli di analisi: soggettività e intersoggettività sono i vettori, peraltro convergenti, della fiducia, e intra-individuale, inter-personale, sociale e istituzionale i livelli ai quali essa viene analizzata.

Sul piano della soggettività, la fiducia enfatizza l'umanissima natura dell'esistere e del conoscere, restituendoci l'immagine di un soggetto incarnato molto più complesso, capace e sagace dell'homo oeconomicus propostoci da tanta parte delle scienze sociali. Sotto questo profilo, il saggio di Giovanni Scarafile disegna una delle possibili linee di fuga: la natura intuitiva del legame fiduciario e la sua capacità di vedere e leggere l'altro da sé, il mondo, con una vicinanza e una compartecipazione che conferiscono tanto ai soggetti tanto al legame una natura del tutto particolare. Questa particolarità è tanto più singolare quanto più universale appare il ruolo della fiducia come elemento fondativo del legame sociale a tutti i livelli. In particolare, come elemento costruttivo delle interazioni non-normate. Come scrive Alberta Giani, quasi tutte le nostre interazioni quotidiane non potrebbero esistere senza la fiducia. E se questa è, come molti psicologi e sociologi affermano, un insieme di aspettative e previsioni sul comportamento proprio ed altrui, queste "attese" non possono che prodursi nell'incontro con l'altro attraverso lo strumento principe dell'intersoggettività: il linguaggio. Persino lì dove la fiducia si presenta in forme altamente normate, come nel caso – discusso da Maurizia Pierri – del dispositivo che regola il rapporto tra Governo e Parlamento, appare chiaro che essa è qualcosa di più di un istituto giuridico. Emerge infatti con chiarezza come, per lo meno nel nostro ordinamento, la fiducia che l'organo legislativo accorda all'organo esecutivo faccia evidentemente riferimento al rapporto – ancora una volta fiduciario – che lega i rappresentanti ai rappresentati, la società civile alla sfera politico-istituzionale. Ma certo, per quanto sia pervasiva e fondativa, per quanto sia un elemento necessario alla cooperazione – si veda il contributo di Terri Mannarini –, la fiducia non è un "fatto" né acquisito né scontato, sicché discuterne implica anche pensare la sfida e la diffida (nel senso latino di *s-fidare* o *dis-fidare*, togliere a qualcuno la fede). Esiste cioè una dimensione tensiva della fiducia che fa sì che essa nasca (o meno), s'indebolisca, si rafforzi, crolli o si ripristini sulla base di dinamiche peculiari interne alla relazione, a tutti i suoi livelli, nei rapporti interpersonali ma anche nei rapporti tra entità collettive: per esempio tra cittadini e istituzioni, o tra gruppi sociali dagli interessi contrapposti.

Questo volume è volutamente disorganico. Non è pensato per offrire un quadro sistematico sull'argomento ma per enfatizzare la pluralità degli sguardi. Ci accomuna l'idea che le differenze generino senso e producano nuove e ulteriori ricomposizioni del senso, perciò le abbiamo volutamente coltivate. Come speriamo aver fatto emergere da queste brevi righe introduttive, le linee di lettura sono molteplici ma dialoganti.

*Lecce*, Università del Salento, dicembre 2011

A. Giani, G. Scarafile,
T. Mannarini, M. Pierri

# La fiducia e il parlare quotidiano

*Alberta Giani*

## 1.  *Per cominciare*

Credo non sia per niente facile riflettere in questo momento sul concetto di fiducia. Ogni volta che ne sento parlare, ricordo una pubblicità che ascoltavo da bambina: "La fiducia è una cosa seria e il nostro prodotto vuol dire fiducia!". Oggi si guardano le etichette per conoscere gli elementi costitutivi di un prodotto e, soprattutto per individuarne il luogo di produzione e la filiera. Un tempo, una stretta di mano tra galantuomini era sufficiente per concludere anche la vendita di una casa. Quello era il vincolo che sostituiva ogni genere di carta bollata. Oggi sarebbe impensabile una transazione che non avvenga all'interno di strutture fortemente normative e che diventano sempre più rigide, farraginose, vischiose nel tentativo di prevenire ed evitare ogni dubbio, ogni incertezza.

Non si può fare a meno di pensare che, per una certa tipologia di rapporti ed interazioni lo spazio *per* e *della* fiducia sia tanto più ampio, quanto più estese sono le aree *non* sottoposte a norme.

Eppure esistono aree di convivenza che funzionano benissimo, almeno a prima vista, senza alcuna forma di regolamentazione. Classico è l'esempio di Goffman (1969) del flusso dei pedoni che camminano lungo i marciapiedi evitando di urtarsi a vicenda; o la riflessione di Smorti (2007) sul traffico di Napoli che, pur essendo molto veloce, caotico e poco rispettoso delle regole stradali, provoca un numero di incidenti di gran lunga inferiore alle ordinatissime città del nord. È come se il sistema si autoregolasse.

A ben pensare non sottoposte a norma sono, quasi tutte le nostre interazioni quotidiane, da quelle formali (il medico di fiducia, il meccanico di fiducia...) fino a quelle più coinvolgenti sul piano emotivo ed affettivo (il rapporto con il partner, i figli, i genitori, gli amici) non potrebbero esistere se non ci fosse fiducia reciproca.

Molteplici sono i punti di vista disciplinari attraverso i quali descrivere i meccanismi che producono fiducia. Qui ho scelto di guardare ad essa attraverso l'analisi di una pratica quotidiana: *la conversazione*. È una scelta probabilmente rischiosa (a tale pratica viene generalmente associata un'idea di inafferrabilità, di assenza di regole che la rendono inaffidabile dal punto di vista scientifico) ma, contemporaneamente, interessante proprio per la sua natura dal *sapore* familiare e funzionale alla puntualizzazione una serie di aspetti che possono determinare, influenzare e "colorare" i rapporti interpersonali.

## 2. *La fiducia e le sue radici*

In primo luogo l'esperienza della vita quotidiana insegna, se sappiamo osservarla, che le persone, così come i sistemi sociali, sono più disponibili alla fiducia verso altri se posseggono una propria sicurezza interiore, se hanno una sorta di fiducia intrinseca in se stessi. Tale sicurezza, che consente di guardare al mondo e agli altri con fiducia, richiede al soggetto di aver avuto, nel corso della sua storia, la possibilità di acquisire una costellazione di meccanismi interni capaci di ridurre la complessità sociale e, quindi, il livello di *incertezza*.

Il sociologo Luhmann (1989) cita come fondamentale, tra i meccanismi interni che determinano la disponibilità alla fiducia, la *stabilizzazione dei sentimenti* nei confronti di determinati *oggetti* o *persone*. Ma questo significa aver fatto i conti con l'aspetto emotivo e affettivo di sé, in quanto le esperienze emotive, sia quelle che provengono dalla storia passata, sia quelle che hanno connotato e continuano a connotare gli eventi ritenuti significativi, costituiscono una vera e propria base per instaurare una relazione di fiducia con l'altro.

Le radici della fiducia sono quindi lontane: l'*attaccamento* del bambino alla sua famiglia ed alla madre in particolare, costituisce il fondamento dell'*apprendimento* alla fiducia e, contemporaneamente, la sua *disponibilità* a fidarsi del mondo e dell'altro. Un *attaccamento sicuro* è fonte di sicurezza, e questa, a sua volta, è indispensabile non solo al benessere emotivo e psicologico del bambino, ma anche alla nascita della fiducia, che trova in tale benessere terreno fertile per innestare le sue radici. Perché si realizzi una personalità sicura e fiduciosa è indispensabile l'*accessibilità* della figura di attaccamento, che deve inoltre essere *disponibile,* cioè capace di rispondere in modo appropriato ai segnali manifestati dal bambino. In pratica una madre attenta ed in sintonia con i bisogni del figlio, pronta a rispondere ad essi in maniera adeguata, rappresenta la base sicura di cui egli necessita e, contemporaneamente, la fonte per esplorare l'ambiente senza timori e paure.

Attraverso la ripetizione di interazioni positive il bambino si costruisce la *rappresentazione* interna della realtà (i *Modelli Operativi Interni*), ossia attribuisce significato sia ai comportamenti della figura di attaccamento, che ai comportamenti suoi propri. Quindi, quanto più egli percepirà e rappresenterà la sua figura di attaccamento come una base sicura e disponibile, tanto più costruirà un modello operativo interno di se stesso come degno di essere amato. La qualità e la routinarietà del legame di attaccamento e il conseguente sviluppo di un modello operativo interno, sono determinanti per la costruzione dell'immagine di sé.

A loro volta, i modelli operativi interni sono schemi o modelli mentali che permettono di *interpretare* rapidamente le nuove esperienze e aiutano a *prevedere* immediatamente gli avvenimenti successivi. In questo senso, la formazione di modelli mentali costituisce un processo fondamentale attraverso il quale si impara dal passato e si influenzano i comportamenti futuri.

La fiducia, quindi, è costituita da *aspettative* che ognuno di noi possiede, si costruisce relativamente all'ambiente in cui è inserito, in base alle *previsioni* avanzate sul comportamento proprio ed altrui. Tali previsioni si costruiscono nell'incontro con l'altro, ossia sono il prodotto della relazione *situata* in uno specifico e definiente contesto: la *fiducia è una proprietà di unità collettive*, non di individui isolati.

In questo senso, le diverse modalità di relazione di attaccamento che si stabiliscono durante l'infanzia hanno influenze diverse sullo sviluppo di processi mentali quali la capacità sociale, la gestione delle emozioni, la funzione riflessiva, la memoria autobiografica, la narrazione di sé (Siegel, 2001). In sostanza, le relazioni emotivamente importanti contribuiscono a costruire sia le *caratteristiche strutturali* della nostra mente che le *modalità* con cui essa si sviluppa.

Il bambino *usa* gli stati della mente del genitore per *organizzare* le proprie attività. Ma per la maturazione dei circuiti cerebrali è indispensabile la possibilità di connettersi ed entrare in sintonia con le menti delle altre persone. Tali connessioni si basano su pattern di comunicazione di tipo emozionale. In questi scambi, per gran parte non verbali, le menti di due individui si influenzano direttamente attraverso una comunicazione spesso silenziosa, ritmica, simile ad una danza in cui ognuno sembra conoscere la sua parte (*protoconversazioni*).

Ciò accade se si ha capacità di *mentalizzare*, ossia di vedere sé e gli altri in termini di stati mentali (sentimenti, convinzioni, intenzioni, desideri) e di ragionare sui propri ed altrui comportamenti in termini di stati mentali attraverso un processo che viene normalmente definito di "riflessione". L'accordo emotivo tra due attori (genitore-figlio; insegnante-alunno; medico-paziente...) implica una sintonia tra due menti che crea una sorta di "intuizione" (Rizzolatti e Sinigaglia, 2006) tale da far capire l'altro.

Ad esempio, il bambino che ha sviluppato un modello interno di attaccamento sicuro traduce il ritorno della madre in un senso di tranquillità, che gli consente di riprendere a giocare o di esplorare l'ambiente. L'adulto, a sua volta, se ha vissuto, nella propria storia, una relazione di attaccamento sicuro, si mostra capace di entrare in sintonia e di trasmettere ai figli una notevole capacità di affrontare le difficoltà della vita.

Secondo Peter Fonagy e Mary Target (2001) queste capacità sono legate alla *funzione riflessiva* sia del genitore che del bambino. I due autori affermano che:

«La funzione riflessiva è l'acquisizione evolutiva che permette al bambino di rispondere non solo al comportamento degli altri, ma anche alla sua concezione dei loro sentimenti, credenze, speranze, aspettative, progetti. La funzione riflessiva o mentalizzazione permette al bambino di leggere la mente delle persone. Attribuendo stati mentali, il bambino rende significativo e prevedibile il comportamento altrui, diventa in grado di mettere in atto flessibilmente – grazie a una molteplicità di modelli rappresentazionali Sé-Altro, organizzati sulla base delle esperienze precedenti- il comportamento più appropriato, per rispondere in modo adattivo, ai singoli scambi interpersonali» (Fonagy, Target, 2001:102).

## 3. *Script e lessico psicologico*

In ambito cognitivista, il concetto di *script* sta ad indicare una rappresentazione mentale di eventi caratterizzata da una sequenza di azioni routinarie che, collocate in un determinato spazio, hanno uno scopo e seguono un ordine temporale. Sono eventi stereotipati che hanno un valore sociale determinato dalla cultura di appartenenza. Questo tipo di rappresentazioni appare all'incirca nel secondo anno di età e permette al bambino di prevedere il comportamento altrui e, contemporaneamente, di guidare il proprio comportamento. Esempi di script sono le cure quotidiane del caregiver, come l'allattamento, la passeggiata, il bagnetto.

Quando il bambino conosce le situazioni routinarie sa come agire, cosa aspettarsi dall'altro, quali oggetti saranno utilizzati, quali azioni saranno compiute. Il comportamento del bambino sembra, in sostanza, guidato dalla *sua conoscenza del contesto*, che determina cosa egli si aspetta da sé e dall'altro.

I primi *script* riguardano situazioni emotivamente significative, sia perché il bambino riconosce lo scopo dell'evento, sia perché sono situazioni in cui interagisce direttamente con il caregiver. La ripetizione quotidiana degli script procura al bambino una sorta di sicurezza circa la stabilità del suo ambiente familiare e sociale. La ripetizione di eventi, la vicinanza delle figure di attaccamento, la possibilità di condividere con esse queste esperienze, contribuiscono in modo determinante allo sviluppo ed al mantenimento della fiducia in sé e negli altri.

In seguito, con l'acquisizione del vocabolario, verso la fine del secondo anno di età, gli oggetti, le azioni, i luoghi, i soggetti cominciano ad essere concettualizzati come elementi separabili dall'azione in quanto il bambino li riconosce anche attraverso il loro nome. Così, il linguaggio, la formazione dei concetti e le categorie svolgono un ruolo fondamentale.

Attraverso gli *script,* il bambino costruisce la rappresentazione interna della fiducia, andando a costruire i *Modelli Operativi Interni* (*MOI*) di cui parlava Bowlby (1969,1979, 1988; Main, 1999) nella sua teoria dell'attaccamento. Tali modelli si sviluppano all'interno delle relazioni con il *caregiver*, sono interiorizzati e guidano l'individuo verso il miglior comportamento da adottare nelle varie situazioni.

*Script* e *modelli operativi interni* agiscono più o meno allo stesso modo, in quanto entrambi consentono al bambino di individuare e anticipare gli eventi. Tuttavia è possibile rintracciare una certa distinzione. Nei MOI il senso di sicurezza è costruito dalla qualità della relazione con la figura di attaccamento che sia sensibile e responsiva verso i bisogni del bambino, mentre, all'interno del concetto di *script*, la sicurezza deriva *dall'interiorizzazione di una routine affidabile*. Nel primo caso, l'attenzione è maggiormente focalizzata sulla relazione, nel secondo più sul contesto, sulla situazione: sono modi di guardare allo stesso oggetto da prospettive differenti, ma assolutamente non alternative. Il collante, la oggettivazione tra l'aspetto relazionale e quello situazionale sono le pratiche discorsive e conversazionali.

Un ruolo fondamentale in questo processo è giocato dai genitori e, soprattutto, dal caregiver nel suo attribuire significato ai concetti: è attraverso i discorsi e i commenti verbali degli adulti che il bambino acquisisce non solo il linguaggio con cui descrivere gli eventi, ma anche il *valore* da assegnare loro ed il "*colore*" *emotivo* con il quale sentirli.

A tal proposito, la Legerstee (2007) afferma che, per dare senso alla realtà interna ed esterna, gli eventi debbono essere ordinati e significati, resi individuabili e prevedibili, in altre parole narrati, interpretati. In sostanza, la narrazione di eventi svolge una duplice funzione: di trasmissione esterna e di rappresentazione interna degli eventi stessi.

La narrazione, infatti, non è un puro atto descrittivo dell'accaduto, ma chiama in causa l'*intenzionalità* di chi narra l'evento: produrre una storia significa comunque interpretarla, significa assumere un personale punto di vista con il quale guardare quei fatti. Narrare, pur essendo un atto linguistico, fa luce anche sulla mente di colui che narra, ha forti implicazioni sul piano cognitivo e sociale, connota sia il mondo della persona che la cultura di appartenenza (Smorti, 2007).

Abbiamo detto che costruire la fiducia in sé è possibile solo nella relazione e condivisione delle esperienze che il bambino ha prima con il *caregiver* poi con gli altri significativi. Elemento indispensabile di questa relazione è l'interazione linguistica che consente al bambino non solo di individuare gli oggetti del reale, ma anche di categorizzare semanticamente l'altro, di riconoscerlo, di mentalizzarlo.

## 4. *Lessico e fiducia*

È a questo punto che bisogna prendere in considerazione il *lessico psicologico*. Con tale termine si intende quel linguaggio caratterizzato da sostantivi, verbi, aggettivi che si riferiscono a stati mentali propri e altrui. Ne sono un esempio i termini di tipo *volitivo, emotivo e cognitivo*. I termini che rimandano a desideri come *volere, desiderare, sperare, preferire* si riferiscono alla prima categoria; alla seconda, appartengono i termini che denotano sia sentimenti ed emozioni, come *felice, triste, arrabbiato*, che il manifestarsi di tali sentimenti, come *sorridere e piangere*. Infine i termini cognitivi si riferiscono agli stati mentali legati all'intelletto come *credere, pensare, dimenticare, far finta*. Un bambino che utilizza i riferimenti a stati mentali nelle interazioni quotidiane con adulti o coetanei sembra essere capace di comprendere l'esistenza di stati psicologici, di rappresentarseli e di utilizzarli per comprendere le proprie ed altrui azioni.

Facciamo qualche esempio di interazioni in cui compare il lessico psicologico (negli esempi i termini psicologici sono riportati in corsivo).

Una madre ed un bambino discutono sulla merenda e il bambino sottolinea una sfasatura tra ciò che egli intende per merenda e quella reale, concreta comprata dalla madre.

BAMBINO: Ho fame.

MAMMA: Ti ho comprato i biscotti allo yogurt.

BAMBINO: No, io *volevo* le merendine al cioccolato. Perché non le hai prese?

In un altro esempio due bambini stanno per iniziare le vacanze ed esprimono due punti di vista diversi sul luogo dove trascorrerle.

BAMBINO A: Domani iniziano le vacanze così posso andare al mare. Mi *piace* molto il mare.

BAMBINO B: A me *piace* di più andare in campagna con il nonno perché mi fa innaffiare.

Infine, nell'esempio che segue una azione viene spiegata ricorrendo ad una credenza.

BAMBINO: Cerco la mia palla. Vado fuori.

MAMMA: Perché vai fuori a cercare la palla?

BAMBINO: Perché *credo* di averla lasciata in giardino.

L'uso che il bambino fa dei termini mentali può essere considerato, anche se in modo cauto, un buon indicatore di come egli concepisce la sua mente e quella degli altri, quindi ne deriva che lo studio del lessico psicologico nelle conversazioni spontanee rappresenta un buon punto di vista per analizzare alcuni meccanismi di interazione.

## 5. La conversazione

Il linguaggio diventa lessico psicologico quando è caratterizzato da quell'insieme di termini mentalistici che descrivono stati mentali interni propri e/o altrui. Per larga parte dei ricercatori, tale lessico rappresenta un buon indicatore della mentalizzazione dell'altro, della reciprocità che si evidenzia nelle interazioni della vita quotidiana. Esso è caratterizzato, come in precedenza detto, da sostantivi, aggettivi, verbi che rimandano a desideri, emozioni, sentimenti, o termini cognitivi che si riferiscono a stati mentali che si riferiscono all'intelletto, alla metacognizione, all'immaginazione.

Abbiamo visto che durante le conversazioni spontanee, i bambini di due anni producono un lessico psicologico di tipo volitivo attraverso il quale ciò che essi esprimono è un bisogno, un desiderio. Se questo è compreso e soddisfatto, *un* aspetto della interazione fiduciaria è assolto. Sappiamo, inoltre, che presupposto per un attaccamento sicuro è la capacità materna di comprendere le richieste e soddisfare i bisogni del piccolo. In termini di teoria dell'attaccamento, soddisfazione del bisogno di attenzione e cura genera i MOI della sicurezza, e quindi della fiducia.

Compaiono inoltre, nel linguaggio infantile, sempre intorno i due anni, anche i termini del lessico emotivo, che testimoniano la capacità di comprensione delle emozioni proprie ed altrui, capacità che è alla base della sintonizzazione e comprensione dell'altro. L'acquisizione del lessico emotivo trova terreno fertile nelle interazioni primarie con la figura di attaccamento: nella quotidianità delle loro routine, madre e figlio condividono una serie di eventi ed azioni che la mente del bambino, come abbiamo visto, traduce in *script*.

La ripetizione di questi eventi significativi è quasi sempre accompagnata dai commenti verbali dell'adulto, il quale molto spesso descrive le sequenze di azioni condivise attraverso il lessico emotivo ("Se fai i capricci, la mamma si *arrabbia*").

In questo modo, madre e figlio condividono sia lo scopo della azione, che il suo significato semantico, emotivo e valoriale. È dunque nell'interazione, nella relazione sociale e nel linguaggio, concepito come prerequisito e strumento necessario, che *attaccamento e metarappresentazione* si incontrano e si costruiscono a vicenda, costituendo un "luogo" comune in cui l'uno è il precursore dell'altro e viceversa.

È sulla base di quanto finora affermato che si radica la scelta di considerare come ambito di ricerca la conversazione che, per sua natura, coniuga in sé una serie di elementi importanti ed esplicativi della costruzione della fiducia: in primo luogo è una pratica discorsiva specifica del contesto familiare; è il risultato di una interazione tra due o più individui orientata e guidata al raggiungimento di uno scopo; è una attività di condivisione che rispecchia la natura non solo sociale, ma sovraindividuale del linguaggio.

Tuttavia, prima di addentrarmi in ulteriori analisi, vorrei fare delle brevi puntualizzazioni di natura semantico-concettuale e metodologica.

## 6.    *I confini semantici*

Ritengo sia ancora valida la definizione di "interazione" avanzata da Goffman, secondo il quale si può intendere per interazione "l'influenza reciproca che i partner esercitano sulle rispettive azioni quando si trovano in presenza fisica immediata" (Goffman, 1974,: 8). Tale definizione, che rimanda a due nozioni ad essa correlate, di feed-back e di co-presenza, consente di distinguere l'interazione da altri concetti ad essa molto vicini. Mi riferisco a: relazione, legame, rapporto.

Il *legame* è visto come una forma di relazione volta al soddisfacimento dei bisogni fondamentali, quali quelli di cura o di esplorazione dell'ambiente; il *rapporto*, invece, è maggiormente legato al ruolo, allo status sociale, all'identità.

La *relazione*, dal canto suo, rispetto all'interazione, che necessita della co-presenza dei soggetti coinvolti, in genere, viene *mantenuta anche a distanza*. È come se ci fosse, nell'*interazione*, una prevalenza del *registro spaziale* su quello temporale (Scabini e Cigoli,1991).

Tuttavia, probabilmente, più che di un rapporto faccia-a-faccia, l'interazione potrebbe essere definita, come afferma Goffman (1969) non solo l'*influenza* reciproca che due interlocutori esercitano sulle rispettive azioni, ma il fenomeno che determina anche il *valore* della stessa comunicazione, attraverso l'attivazione di qualche forma di *feed-back* (si prenda ad esempio, la comunicazione telefonica).

Inoltre, nel nostro discorso appare poco funzionale operare netta una prevalenza tra il registro spaziale e quello temporale. Ritengo che quello che cambia, nei due concetti di interazione e relazione, sia l'*estensione* della dimensione spazio/tempo: nell'interazione è più fisica, corporea, percepita dal soggetto, delimitata da confini; nella relazione tale dimensione è filtrata, mediata, significata dalla memoria, dalla rappresentazione che il soggetto ha dell'interazione stessa.

Più che di subordinazione si dovrebbe parlare di circolarità di un concetto rispetto all'altro: lo sfondo, l'orizzonte che dà senso all'interazione e che la significa è la relazione; il nuovo, il diverso, il non scontato sul piano dei contenuti e delle forme prodotto dall'interazione, ricade e agisce sulla relazione stessa. È un influenzamento reciproco e dinamico tra queste due dimensioni dell'esperienza umana.

In questo saggio l'interesse si focalizza sul funzionamento delle interazioni verbali, con particolare attenzione alla conversazione (Levinson, 1983). Questo perché sia le interazioni verbali che la conversazione ridefiniscono il concetto di comunicazione, individuandone, in alcuni aspetti, la natura *contrattuale* e vedendo in modo nuovo il concetto di Altro inteso quale soggetto attivo, cioè come un *interlocutore*: la comunicazione, in tal modo, diventa "luogo di fondazione dell'intersoggettività" (Galimberti, 1992, : 48).

In altre parole, ridefinire la comunicazione attraverso l'analisi della conversazione, significa considerare la conversazione un atto sociale che fonda l'interazione tra soggetti, in quanto è frutto di una attività congiunta tale per cui gli enunciati dell'uno si intrecciano con gli enunciati dell'altro. In questo senso la *comunicazione quotidiana*, considerata una sequenza di enunciati, si configura non solo come una relazione linguistica, quanto piuttosto un *rapporto di natura psicosociale che prende forma attraverso un processo interattivo.*

Ciò consente di considerare gli *enunciati oggetti sociali*, cioè strutture o mosse intorno alle quali le persone *organizzano l'interazione* (Sacks, Schegloff e Jefferson, 1974).

Gli studiosi della conversazione hanno introdotto termini quali: presa di turno, presa di parola, aggiustamento, preferenze, coppie adiacenti, che sono oramai utilizzati anche in altri campi di indagine. Esula dagli scopi del saggio analizzarli tutti. In seguito ne prenderò brevemente in considerazione alcuni per argomentare come, la pratica della conversazione descrive, promuove ed organizza la costruzione del rapporto di fiducia tra soggetti.

## 7. *Considerazioni metodologiche*

Scegliere la pratica della conversazione dal punto di vista metodologico, comporta una serie di conseguenze e di puntualizzazioni da evidenziare.

Abbiamo detto che il processo comunicativo è reso possibile dalla cooperazione verbale tra gli attori frutto, di un riconoscimento reciproco per cui ciò che è enunciato dall'uno si intreccia con l'enunciato dell'altro. La prima considerazione da fare è la rivalutazione delle forme dialogali della produzione discorsiva. L'attenzione è indirizzata sulla relazione esistente tra gli interlocutori e, quindi, ogni enunciato (anche nel dialogo interno) viene considerato virtualmente dialogale (Volosinov, 1976).

Inoltre, si studia il funzionamento della lingua orale, a lungo vista un sottoprodotto del linguaggio, caotica e non soggetta a regole. Anzi, la presenza di *scorie*, ossia errori di elocuzione, incompletezze, esitazioni, costruzioni contorte, invece di rappresentare limiti ed ostacoli per l'indagine diventa elemento funzionale, indicatore di processo dal punto di vista interattivo (Galimberti, 1992).

Ulteriore riflessione è che il *quotidiano* nello specifico la comunicazione quotidiana viene assunto quale oggetto prioritario di analisi. Il metodo diventa fondamentalmente *induttivo* e *descrittivo*, orientato all'individuazione di regolarità ricorrenti in un numero sufficientemente ampio di conversazioni. Questo non significa rinunciare a teorizzare, ma sicuramente rinunciare a facili generalizzazioni: il ricercatore non deve riferirsi ad eventi conversazionali creati *ad hoc* ma reali. Così gli enunciati cessano di essere considerati come puri oggetti formali (vedi l'analisi della conversazione come atto linguistico, certamente sociale, ma decontesualizzato, secondo la concezione di Austin, 1962 e Searle, 1969) per essere inseriti nel loro contesto comunicativo (Wittgenstein, 1967, 1983, 1990; Hymes, 1964; Schegloff, 1992).

È il sociale che dà l'avvio all'analisi e, in questo senso, lo psicologo può studiare la conversazione in quanto *pratica sociale*. In altre parole, studiare l'interazione verbale come attività significa concepire gli attori che partecipano all'interazione, contemporaneamente e di continuo, collocati in una posizione attiva di ascolto/emissione ed identificare la conversazione l'ambito nel quale la *parola* viene condivisa e significata.

## 8.  *La fiducia: una conquista mediata anche dalle parole*

Abbiamo detto che la conversazione può essere considerata come un regolatore degli scambi comunicativi, un congegno di natura simbolica ed inferenziale attraverso il quale può essere studiata e descritta l'interazione, intesa quale luogo in cui avviene il continuo e dinamico processo di costruzione dell'identità sociale e della relazione interpersonale. Luogo in cui, in definitiva, si fonda l'intersoggettività.

In precedenza, abbiamo individuato le radici della fiducia nella costruzione di una personalità sicura. Tale sicurezza, che consente di guardare a sé ed agli altri in modo fiducioso, deriva, come abbiamo visto, dal tipo di attaccamento che il bambino ha sperimentato all'interno della famiglia ed, in particolare, nella relazione intessuta con la madre. Abbiamo detto che è indispensabile per acquisire sicurezza che la figura di attaccamento sia accessibile per il bambino, sia, cioè, capace di rispondere ai suoi bisogni.

Poiché le interazioni sono, da subito, *anche* di natura discorsiva e conversazionale, mi sembra interessante individuare quali possono essere alcuni degli elementi linguistici coinvolti nella costruzione del legame fiduciario. Ho utilizzato il termine *costruzione* perché ritengo che la fiducia non sia una disponibilità, un atteggiamento di un interlocutore rispetto ad un altro. Se così fosse, dovrebbe essere concepita come un prodotto di processi cognitivi ed affettivi individuali, uno *stato* relativamente immutabile.

Se, invece, è concepita come risultato di un sistema di scambi e di rapporti, la fiducia diventa una *proprietà contestuale delle relazioni, un prodotto culturale* che il soggetto costruisce interagendo con l'ambiente. Concepita come *processo*, la fiducia regola ed organizza il rapporto intersoggettivo attraverso uno specifico contesto discorsivo e di significazione.

Ne emerge così, sia il carattere dinamico che contingente: dinamico in quanto gli attori costruiscono e, contemporaneamente, fruiscono di cosa e di chi fidarsi; contingente perché è nelle pratiche discorsive che la fiducia viene continuamente significata.

Dal canto suo, l'analisi della conversazione si fonda essenzialmente sui concetti di interazione, interpretazione, reciprocità.

In precedenza abbiamo definito l'*interazione* come l'influenza reciproca attivata tra interlocutori che delimita il valore della comunicazione. Vista in questo modo, può essere concepita come insieme di *aspettativ*e reciproche all'interno delle quali i soggetti costruiscono le proprie *identità*. Intesa così, l'interazione implica la mentalizzazione, la presa in carico della prospettiva dell'altro da parte del soggetto che agisce. Assumere come salienti e rilevanti le aspettative, la mentalizzazione, l'empatia significa affermare che un ulteriore elemento specifico dell'interazione è l'aspetto *interpretativo* dell'azione in corso. In altri termini, non c'è solo un contatto tra i partecipanti (corporeo, visivo, virtuale o filtrato dalla memoria), ma anche una interpretazione comune di comportamenti agiti.

Inoltre, l'interazione sarebbe inefficace se non ci fosse un meccanismo di accettazione reciproca dei ruoli, meccanismo mediato e garantito dalla lingua nel suo essere sistema simbolico-inferenziale.

Torniamo quindi a riflettere sulle pratiche discorsive e su alcune caratteristiche della conversazione che possono attivare il processo di costruzione della fiducia.

Vorrei, in questa sede, prenderne in considerazione due: le prese di turno e le coppie adiacenti.

Abbiamo visto che gli scambi conversazionali hanno un aspetto sequenziale che si esprime anche attraverso il *sistema delle prese di turno*. Tale sistema, in maniera molto semplificata, può essere espresso attraverso la formula "niente lacune, niente sovrapposizioni". È regolato da un insieme di regole che, a volte, sono predeterminate (tribunale, classe, ristorante...) mentre, nella maggior parte dei casi, l'ordine dei parlanti e la lunghezza del contributo fornito da ciascun partecipante sono negoziati nel corso dell'interazione.

Sono state individuate delle regole che spiegano come è possibile che i parlanti si alternino senza lunghe pause o sovrapposizioni. Sono regole formate da due componenti: *la costruzione del turno e l'assegnazione del turno*.

Ogni parlante è responsabile della costruzione del turno, inteso come *unità minima di parole* (che i linguisti chiamano enunciati) che vanno da una singola parola a frasi compiute. Il turno, concepito in questo modo, diviene una unità comunicativa che può essere realizzata soltanto attraverso una coordinata ed appropriata azione da parte di entrambi gli attori.

Un importante tratto di questa unità è che una volta iniziata essa dà modo all'ascoltatore di *predire* a che punto avrà termine. L'alternanza tra un partecipante e l'altro viene regolata dal cosiddetto *punto di rilevanza transizionale*, punto in cui *può* realizzarsi un cambio di parlante. Questa componente del sistema è in grado di spiegare non solo in che modo i parlanti capiscono quando la parola è disponibile, ma anche perché si verificano delle sovrapposizioni. L'esempio seguente (Duranti, 2000: 224) esplicita questo fenomeno: l'ultima parola del turno è inaspettatamente allungata e finisce per sovrapporsi con l'inizio del turno del parlante successivo

A: So chi è sto tipo
B: È catti::vo
C: Conosci il tipo?

Dal canto suo, la componente di assegnazione del turno specifica in che modo viene scelto il parlante del turno successivo. Ciò può avvenire in due modi: per *etero-selezione*, ossia il parlante seleziona il parlante successivo; per *auto-selezione*, ossia il parlante successivo sceglie da sé di prendere il turno. In molti eventi che possiamo definire formali (alunno-insegnante; medico-paziente...) l'ordine dei parlanti è prestabilito del tutto o in parte.

Se i partecipanti si sovrappongono, invece, entra un meccanismo compensativo di assegnazione di turno: conquista il turno chi aumenta il tono della voce, allunga le vocali, rallenta il ritmo, o, al contrario, si zittisce. L'alternanza è governata, così, da un sistema variabile di segnali verbali e non verbali, come lo sguardo, le espressioni facciali, ma, soprattutto, le espressioni sovrasegmentali della voce (si pensi alle telefonate o, nella comunicazione scritta, al grassetto nelle e-mail).

In definitiva, la presa di turno costituisce l'*esito* di un processo di negoziazione comunicativa. Per fare un esempio, la presa di turno in una sequenza comunicativa in una classe scolastica diventa l'indicatore del *potere* che un insegnante esprime nella gestione ordinaria delle attività. Spesso è l'insegnante che individua chi deve parlare; se due o più alunni parlano insieme c'è una sovrapposizione che contravviene alla regola del parlare uno per volta. Assegnando i turni, dopo aver posto una domanda, l'insegnante costruisce un concatenamento logico dell'attività. Per fare ciò è necessario che conosca o, meglio ri-conosca gli alunni (meglio dire ogni singolo alunno) e il tipo di interventi che faranno su quello specifico contenuto. Se la risposta si discosta dalle aspettative non tanto sul contenuto, quanto, sulle modalità comunicative, si evidenzia un implicito gioco di potere che è all'origine della tenuta e/o l'affidamento o perdita del turno.

La presa di turno, in sostanza, fa emergere delle dinamiche di potere e definisce *strutture sociali*, in quanto ognuna di esse ha specifiche e concrete routine conversazionali. Le relazioni sociali locali costituiscono e ri-costituiscono incessantemente il contenuto istituzionale di cui fanno parte. L'obiettivo è rendere espliciti gli aspetti impliciti delle pratiche discorsive. Si tratta di far convergere e sintonizzare interessi, stili, atteggiamenti, tratti di personalità, in sostanza, identità differenti in un'attività di *mutua partecipazione*. Ed è proprio su quest'ultimo aspetto di *partecipazione* che l'atto di parlare, conversare, utilizzare parole si distanzia grandemente dalla pura analisi linguistica per sondare l'aspetto successivo dell'utilizzo della parola, ossia le *conseguenze o effetti* (atto perlocutorio) che esse hanno sia sulle singole interazioni, che sulla struttura delle organizzazioni. Se non c'è un reciproco riconoscimento di identità, non può esserci fiducia.

Un'altra proprietà importante per la nostra analisi è la presenza nella conversazione delle *coppie adiacenti*. Tale proprietà è strettamente legata alla precedente, nel senso che, se nell'alternanza dei turni l'attenzione è puntata sulla partecipazione dei vari soggetti coinvolti, nel caso delle coppie adiacenti, si è più interessati a quello che le parole *fanno*, si tiene cioè conto di *come* le persone reagiscono a quello che viene loro detto.

Facciamo qualche esempio di coppie adiacenti nella conversazione.

Domanda/risposta
A: Come si chiama questo oggetto?
B: Sestante.

Offerta/accoglimento
A: Vuoi un panino?
B: Va bene.

Valutazione/accordo
A: Questo è bellissimo
B: Direi proprio di sì.

Gli esempi sopra riportati sono certamente comprensibili dal punto di vista linguistico. Se però vogliamo sapere ciò che le parole *fanno*, ciò che consegue alle parole, dobbiamo andare oltre i singoli enunciati, poiché nell'interazione sociale spontanea, nella quotidianità i parlanti utilizzano ed interpretano le parole, gli atti linguistici, gli enunciati come *parti* di più ampie unità di sequenza. Il primo esempio (domanda/risposta) sarebbe comprensibile solo parzialmente se non si comunica in maniera esplicita che tale frammento di conversazione avviene tra un insegnante ed un alunno.

Le coppie adiacenti sono *un* caso di queste unità più ampie, in cui "il significato di ognuna delle due parti di cui è fatta la coppia è vincolato, spiegato e amplificato dall'altra" (Duranti, 2000: 228).

Dal punto di vista empirico il metodo della coppia adiacente può essere considerato un modo, uno *strumento per interpretare le azioni* che i partecipanti mettono in atto. In sostanza, quando i parlanti pronunciano la prima parte di una coppia adiacente, creano una *cornice interpretativa* per cui quello che accade dopo si deve considerare non solo una risposta o una "seconda mossa", ma fondamentalmente un *indicatore* del modo in cui *l'altro interpreta e significa* la prima parte stessa. Facciamo un esempio.

A: Come ti chiami?
B: Vai al diavolo!

La risposta di B è dissonante, inaspettata rispetto alle consuetudini, quindi diventa un rivelatore di eventi, non necessariamente linguistici, che hanno determinato quella tipologia di risposta. Per questo le coppie adiacenti costituiscono un importante meccanismo per creare l'*intersoggettività*, cioè la reciproca comprensione e coordinazione attorno ad una attività comune (Schegloff e Sacks, 1984). Analizzando sequenze come le coppie adiacenti è possibile vedere come il parlare crei delle configurazioni, delle rappresentazioni che evocano, confermano, a volte obbligano alcune aspettative nei partecipanti.

È proprio su questo aspetto interpretativo e dinamico dell'interazione che è possibile individuare un link con il processo di costruzione di relazioni e legami di fiducia, dal punto di vista sia filogenetico che ontogenetico.

## Conclusione

Guardare il mondo e se stessi con occhi fiduciosi ma non incantati o candidi, significa aver percorso, vissuto, co-costruito esperienze emotive, cognitive, valoriali tali da strutturare una personalità sostanzialmente sicura ed in grado di affrontare i molteplici cambiamenti richiesti da una realtà in continuo e rapido cambiamento. Cercare di descrivere ed interpretare questo processo costruttivo attraverso il discorso o la conversazione significa scegliere di stare in equilibrio tra il mentale e il culturale, tra l'individuale e il sociale, tra il pubblico e il privato.

Le pratiche discorsive, che utilizzano il linguaggio quale sistema simbolico-inferenziale, rendono visibile l'attivazione di procedure di costruzione congiunta e condivisa di significato. Ed è proprio attraverso tali pratiche che è consentito alle persone avere un'esperienza del mondo. Attraverso i discorsi e i commenti verbali il bambino fa esperienza soggettiva del mondo, lo categorizza, gli dà valore, lo colora emotivamente. L'analisi della conversazione fornisce un metodo per seguire il suggerimento wittgensteiniano di considerare sempre le parole all'interno delle attività più vaste in cui sono inserite. In questo senso le coppie adiacenti possono essere considerate esempi di "giochi linguistici": è una precisa scelta metodologica quella di non ignorare il contesto culturale e/o storico in cui si svolgono le interazioni (Hymes, 1972; Goffman, 1981; Duranti, 2000; 2007).

Il limite dell'analisi della conversazione che si concentri solo sugli enunciati è la messa tra parentesi dei tratti contestuali pertinenti. Il fatto che sia una analisi difficile, non è una buona ragione per evitare di compierla.

Se la fiducia è aspettativa sull'altro, condivisione di significati, riconoscimento delle identità, e se l'aspettativa sull'altro e la condivisione di significati emerge e, contemporaneamente, si costruisce attraverso le *modalità conversazionali*, allora è da queste che emerge e si costruisce la fiducia.

Noi, in definitiva, siamo più interessati alla conversazione come *mezzo* per comprendere gli attori sociali e le altre strutture, piuttosto che analizzare le sequenze di conversazione in se stesse. Ecco perché gli *script*, i riti e il linguaggio che li accompagnano forniscono una cornice interpretativa.

È nostra convinzione che i significati non sono situati *solo* nella lingua, ma nei valori sociali, nelle credenze, nei rapporti interpersonali, nei più vasti sistemi di scambio, compresa la struttura familiare. I significati, in altri termini, sono veicolati dalla lingua attraverso la quale possono essere sviluppati, negoziati, verificati, riformulati, ma non risiedono soltanto nel parlare.

Uno studio dettagliato della conversazione, quindi, deve basarsi sulla capacità di comprendere le implicazioni e le conseguenze di un sistema di comunicazione che presenta un gran numero di aspetti interessanti ed, in parte, ancora non spiegati.

In conclusione, l'interazione osservata e descritta attraverso la conversazione può essere rappresentata e studiata come un "testo" prodotto congiuntamente, luogo all'interno del quale avviene il continuo e dinamico processo di costruzione dell'identità sociale e della relazione interpersonale. E, in quanto testo, comprende una componente inferenziale che, per sua natura, rende l'interazione *incerta* e perciò possibile di conferme continue, nella consapevolezza di una complessità che lascia aperti spazi ancora non esplorati di ricerca.

# Riferimenti bibliografici

Austin, J.L., 1962, *Come fare cose con le parole*, trad. it., Genova, Marietti, 1987.

Bion, W.R., 1962, *Apprendere dall'esperienza*, trad. it., Roma, Armando, 1972.

Bowlby, J., 1969, *Attaccamento e perdita*, trad. it, Torino, Boringhieri, 1972.

- 1979, *Costruzione e rottura dei legami affettivi*, trad. it., Milano, Raffaello Cortina, 1982.

- 1988, *Una base sicura*, trad. it., Milano, Raffaello Cortina.

Duranti, A., 2000, *Antropologia del linguaggio*, Roma, Meltemi.

- 2007, *Etnopragmatica*, Roma, Carocci.

Fonagy, P., 2001, *Psicoanalisi e teoria dell'attaccamento*, trad. it., Milano, Raffaello Cortina, 2002.

Fonagy, P., Target, M., 2001, *Attaccamento e funzione riflessiva*, trad. it., Milano, Raffaello Cortina, 2001.

Galimberti, C., 1992, *Analisi della conversazione e studio dell'interazione psicosociale*, in *La conversazione*, a cura, C., Galimberti, Milano, Guerini.

Goffman, E., 1959, *La vita quotidiana come rappresentazione*, Bologna, Il Mulino, 1969.

- 1974, *Frame analysis. L'organizzazione dell'esperienza*, Roma, Armando 2001.

- 1981, *Forme del parlare*, trad. it., Bologna, Il Mulino, 1987.

Hymes, D., 1964, a cura, Language in Culture and Society, New York, Harper and Row.

- 1972, Models of Interaction of Language and Social Life, in Gumperz, Hymes, a cura, Sociolinguistics, Harmondswrth, Penguin, pp. 269- 285

Legerstee,M., 2005, *La comprensione sociale precoce*, trad. it., Milano, Raffaello Cortina, 2007.

Levinson, S.C., 1983, *Pragmatics*, Cambridge, Cambridge University Press; trad.it. 1993, *La Pagmatica*, Bologna, Il Mulino.

Luhmann, N., 1989, *La fiducia*, trad. it., Bologna, Il Mulino, 2002.

Main, M., 1996, *Una visione d'insieme sulla teoria dell'attaccamento*, trad. it. in Carli, L., a cura, *Dalla diade alla famiglia*, Milano, Raffaello Cortina, 1999.

Rizzolatti, G., Sinigaglia, C., 2006, *So quel che fai*,

Milano, Raffaello Cortina.

Sacks H., Schegloff E. Jefferson G., 1974, *A Symplest Systematics for the Organization of Turn taking for Conversation,* in "Language" , 50, 4, pp. 696-735.

- Sacks H., Schegloff E. Jefferson G., 1978, *A Simplest Systematics for the Organization of Turn- Taking for Conversation*, in J. Schenkein, a cura, *Studies in the Organization of Conversational Interaction*, New York, Academic Press, pp. 7-57.

Schelgloff, E.A., Sacks, H., 1984, *Opening up Closings*, in J. Baug, J. Sherzer, a cura, *Language in Use: Readings in Sociolinguistics*, Englewood Cliffs, NJ, Prentice-Hall, pp. 69-99.

Schelgloff, E.A., 1992, *In Another Context. Language as an Interactive Phenomenon*, Cambridge, Cambridge University Press, pp. 191-227.

Searle, J.R., 1969, *Speech Acts: An Essay in the Philosophy of Language*, Cambridge, Cambridge University Press; trad. it., 1977, *Atti linguistici. Saggio di filosofia del linguaggio*, Torino, Boringhieri.

- 1983, *Intentionality: An Essay in the Philosophy of Mind*, Cambridge, Cambridge University Press; trad. it., 1985, *Della intenzionalità.*

*Saggio di filosofia della conoscenza*, Milano, Bompiani.

Smorti, A., 2007, *Narrazioni*, Firenze, Giunti.

Sroufe, L.A., 1996, *Lo sviluppo delle emozioni . I primi anni di vita*, trad. it., Milano, Raffaello Cortina, 2000.

Violi, P., 1997, *Significato ed esperienza*, Milano, Bompiani.

Volosinov, V.N., 1929, , *Marxismo e filosofia del linguaggio*, trad. it., Bari, Dedalo, 1976.

Vygotskij, L., 1936, *Pensiero e linguaggio*, trad. it., Roma-Bari, Laterza, 2000.

Wittgenstein, L., 1953, *Ricerche filosofiche*, trad.it., Torino, Einaudi, 1967.

- 1964, *Il libro blu e il libro marrone*, trad. it., Torino Einaudi, 1983.

- 1969, *Grammatica filosofica*, Firenze, La Nuova Italia, 1990.

Zani, B., Cicognani, E., 1999, *Le vie del benessere*, a cura, Roma, Carocci.

# Intuizione e fiducia nel concetto di genio di Diderot

*Giovanni Scarafile*

## Introduzione

L'etimologia del termine fiducia indica due principali direttrici semantiche. La prima allude all'essere persuasi e alla credenza in un fatto o persona fondata su segni certi. Si segnala, già in questa prima indicazione, per il tramite dell'ascendenza del termine sanscrito *bandh*, l'inclusione nel significato di fiducia di ciò che lega, del legame[1]. La seconda, che mi sembra più interessante e forse meno consueta indica nella fiducia un processo al cui interno convergono tre disposizioni, tra loro interrelate: osservare, conoscere, sapere[2].

La fiducia, per essere fedele a se stessa, deve riuscire a combinare le due direttrici. Essa è, pertanto, quella facoltà che, per il tramite dell'osservare-conoscere-sapere, conduce ad un legame stabile con l'oggetto dell'osservazione-conoscenza.

È proprio all'interno dell'incrocio tra le due direttrici che a me sembra di rinvenire un raccordo tra la fiducia e l'intuizione, che, com'è ampiamente noto, allude all'immediatezza di uno sguardo nel cuore stesso delle cose, conseguito per il tramite di un coinvolgimento del cercante nel cercato, che da subito vorrei definire con il termine *testimonianza*.

In queste note mi propongo di mettere in risalto il nesso esistente tra fiducia ed intuizione. Per far ciò, intendo avvalermi di alcune riflessioni del filosofo francese Denis Diderot dedicate alla figura del genio. È appunto proprio nelle caratteristiche del genio che è possibile trovare alcuni interessanti sviluppi di quel nesso poc'anzi riferito.

È difficile sfuggire alla sensazione che parlare di "genio" sia, in una certa misura, desueto.

Si tratta, infatti, di una nozione che sembra essere stata impiegata eminentemente in ambito letterario (Bloom 2002). In effetti, se l'occorrenza degli studi sul genio nelle contrade della letteratura può difficilmente essere negata, va altresì considerato che non mancano recenti studi che investigano la nozione di genio secondo le più aggiornate prospettive disciplinari (Andreasen 2005).

Per tali ragioni, il mio approccio al tema del genio in Diderot sarà solo in parte filologico o storiografico. Mi interessa piuttosto recuperare quegli elementi della nozione di genio che, mostrando una non generica attinenza con il sopra indicato binomio fiducia-intuizione, ne permettano una attualizzazione filosoficamente orientata.

Ciò che mi appresto, dunque, a compiere è una operazione articolata su più livelli. Trattandosi di un territorio articolato su più piani, nello sviluppo dell'argomentazione farò riferimento alla metodologia messa a punto da John Swales (Swales 1990; ma anche Gross et al. 2002; Gross 1996), il quale, indicava i tre indispensabili passaggi di un articolo scientifico:

1. stabilire un territorio intellettuale;
2. definire una nicchia in quel territorio;
3. occupare quella nicchia.

Pertanto, alla luce di tale paradigma, dividerò questo scritto in tre parti:

1. stabilire un territorio intellettuale, cioè riferirsi al contesto in cui le parole di Diderot furono formulate;
2. definire una nicchia, cioè tentare di rendere esplicito il senso di quelle parole all'interno dell'evoluzione del pensiero del filosofo francese;
3. occupare quella nicchia, cioè cercare di mettere in evidenza la rilevanza di queste parole.

## 1. *Diderot nel contesto*

Il punto di partenza è dato dalla seguente frase di Diderot, in cui il filosofo francese definisce il genio. Data la sua importanza, la riporto per intero:

Vi è negli uomini di genio, poeti, filosofi, pittori, oratori, musicisti, non so quale qualità dell'anima particolare, segreta, indefinibile, senza la quale non si realizza nulla di molto grande e di bello. È l'immaginazione? No. Ho visto delle belle e forti immaginazioni che promettevano molto, e che avevano poco o nulla. È il giudizio? No. Niente di più ordinario degli uomini di grande giudizio le cui opere sono deboli, molli e fredde. È lo spirito? No. Lo spirito dice delle cose carine e non ne fa che di piccole. È il calore, la vivacità, l'ardore stesso? No. Le persone calde si dimenano molto e non fanno nulla che valga. È la sensibilità? No. Ne ho viste in cui l'anima si coinvolgeva prontamente e profondamente, che non potevano comprendere un racconto elevato senza uscire fuori da essi stessi, trasportati, inebriati, folli; un tratto patetico, senza versare lacrime, e che balbettavano come bambini, sia che parlassero sia che scrivessero. È il gusto? No. Il gusto cancella i difetti piuttosto che produrre cose belle; è un dono che si acquisisce più o meno, non è una qualità naturale. È una certa conformazione della testa e delle viscere, una certa costituzione d'umore? Acconsento, ma alla condizione che si ammetta che né io, né nessun altro ne abbia una nozione precisa, e che vi si aggiunga lo *spirito d'osservazione*. [...].

Lo spirito osservatore di cui parlo si esercita senza sforzo, senza contesa; non guarda affatto, vede; si istruisce, si accresce senza studiare; non è nessun fenomeno presente, ma tutti lo influenzano, e ciò che gli resta è una specie di senso che gli altri non hanno; è una macchina rara che dice: quella cosa riuscirà... e quella cosa riesce; quell'altra non riuscirà... e quell'altra non riesce; quella è vera o è falsa... e quella cosa si scopre come egli ha detto. Egli si distingue nelle grandi cose e nelle piccole. Questa sorta di *spirito profetico* non è lo stesso in tutte le condizioni della vita (Diderot 1975, IV: 26-7, sottolineature e traduzione mie).

Il ragionamento di Diderot riveste un certo interesse per il fatto che sembra escludere dall'ambito del genio tutta una serie di facoltà con cui, ad uno sguardo sommario, proprio il genio potrebbe esser fatto coincidere: l'immaginazione, il giudizio, lo spirito, l'ardore, la sensibilità, il gusto, una particolare configurazione fisiologica. Tutte queste qualità sono poste fuori gioco, se così si può dire. L'essenza del genio abita altrove.

Risulta di particolare interesse allora provare a cogliere il più esattamente possibile il nesso tra il «potere di osservazione» e lo «spirito profetico», citati da Diderot, dato che è proprio nello spirito profetico che confluiscono, a diverso titolo, tutti gli elementi esclusi dall'elenco.

Il primo referto che è possibile trarre da queste prime indicazioni è che il genio è difficilmente definibile ed anzi sembra essere connotato da una singolare *eccedenza* rispetto ad ogni tentativo di catturarlo concettualmente.

A me sembra che proprio tale singolare situazione in cui veniamo a trovarci di fronte al tentativo di cogliere il significato del genio non debba essere accantonata. Essa, infatti, seppure in via negativa, indica una specificità, una particolare configurazione del concetto che non può essere elusa dall'analisi. La difficoltà cui alludo è di natura dialettica: essa non si riferisce esclusivamente all'apparente *incatturabilità* del cercato (in questo caso, il concetto di genio), ma proprio nel far questo, essa segnala l'inappropriatezza della posizione del cercante (noi che preferiremmo sapere subito, senza eccessivi impedimenti, in che cosa il genio consista). Se, dunque, vogliamo disvelare qualcosa della nozione di genio, dobbiamo assumere una particolare prospettiva di visione. Solo in questo modo sarà possibile catturare la preda.

Occorre, allora, partire dalla seguente domanda: all'interno di quali condizioni si sviluppò la nozione di genio in Diderot?

Secondo lo scrittore latino Marco Terenzio Vallone, il genio è «quella divinità che ha il comando ed il controllo di tutto ciò che è creato» (Deus est qui praepositus est ac vim habet omnium rerum gignendarum) (Aurelii Augustini : VII, 13). Il termine latino «genio» indica una divinità generata all'interno di ogni uomo con il compito di dirigerne le azioni. Da un punto di vista etimologico non vi è una grande differenza tra genio ed ingenium (Moretti 1998). I due termini infatti designano sfumature di significato: l'ingenium è l'attitudine a ragionare e combinare le idee nel modo più appropriato mentre il genio è la facoltà creatrice dell'intelletto vivificata dall'interno da una grande passione. Queste caratteristiche generali ci aiutano a fissare la cornice entro cui il discorso si colloca.

Il concetto di genio conosce un momento di forte sviluppo tra Cinquecento e Seicento, in un contesto contrassegnato dalla contrapposizione tra *studium* ed *ingenium*. Con l'ingenium si fa riferimento ad una attitudine o disposizione, ovvero a qualcosa non ancora in grado di dire la costanza di una applicazione; mentre lo studium designa la costanza di una applicazione. Si tratta del principale significato del termine latino cui si affiancano altre dimensioni pure importanti come desiderio, passione, cura[3].

In particolare, l'ingenium viene ad essere accomunato al «non so che» o al *wit* (Franzini, Mazzucot-Mis 2003), o più in generale a quel genere di nozioni anticipatrici del gusto che ipotizzano l'azione di un particolare senso rivolto al mondo della bellezza e dell'arte.

Nel periodo in cui Diderot lavora, il termine genio ricorre - soprattutto anche se non esclusivamente - in ambito francese, secondo due locuzioni: *avoir du génie* e *être un génie*. Il primo uso linguistico rivela che il genio è, per così dire, separabile da colui che lo incarna; il secondo, segnala invece l'indissolubilità tra genio ed individuo per cui il genio sarebbe il tratto distintivo della individualità.

Va, inoltre, segnalato che l'affermazione dell'idea di genio può essere ascritta ad almeno due ulteriori fattori:

- *specifiche condizioni storico-sociali*, ovvero lo spazio conquistato da una classe di intellettuali la cui ragion d'essere risiede nel riconoscimento della originalità delle proprie acquisizioni intellettuali in contrasto alle classi che facevano dell'appartenenza sociale il primo motivo ordinatore di una società[4].

- *L'affermazione di una teoria dell'arte* in una certa misura indipendente dalla ragione. Come osserva Dieckmann «un'opera d'arte non è più giudicata per il grado di conformità ai tradizionali modelli e regole, ma per il grado di diletto che essa dà, e questo piacere è causato non da una struttura razionale e semplicità intellettuale, ma dal libero gioco di immaginazione ed emozione» (Dieckmann 1941: 154). Questo articolarsi dell'arte diventerà più esplicito in alcuni autori, De Bos per esempio, il quale mette a punto un sistema in grado di conferire significato autonomo ad emozione ed immaginazione al di là del valore che a queste due dimensioni dell'umano può essere attribuito dalla razionalità e comunque non prescindendo dal valore della razionalità[5].


## 2.   Nel pensiero di Diderot

Lo sviluppo dell'idea di genio nel pensiero di Diderot può essere rendicontato con riferimento ad almeno tre fasi (Onnis 1970): all'inizio, Diderot si avvicina all'idea di genio per l'interesse mostrato nei confronti del concetto di entusiasmo. In una seconda fase, Diderot approfondisce i processi razionali e tecnici della creazione artistica. Una terza fase, contigua alla precedente, mostra l'interesse per gli scritti di fisiologia, stante l'influenza della scuola medica di Montpellier.

Per ricostruire l'esatta portata del concetto

di genio in Diderot occorre dunque, almeno in parte, rifarsi al dibattito su una serie di temi del cui sviluppo quel concetto ha usufruito. Ovviamente, questa eredità non implica l'assenza di elementi di originalità nel pensatore francese.

Una delle condizioni di possibilità dell'affermarsi del concetto di genio in Diderot è, senz'ombra di dubbio, costituita dalla rivalutazione del ruolo di emozioni e sentimenti nell'ambito dell'umano, di contro ad una univoca loro riconduzione alla ragione, intesa come parametro unico cui ricondurre ogni dimensione del reale. Diderot si inserisce in questa scia, ma questo non gli impedisce di prendere le distanze da univoche esaltazioni di queste dimensioni. È significativo, per esempio, che proprio nei confronti della sensibilità Diderot affermi nel *Paradosso sull'attore* «La sensibilité n'est guère la qualité d'un grand génie» (Diderot 1975, VIII: 368). Questa posizione, insieme ad altre, rivela che la rivalutazione del sentimento non è acritica ed essa, per essere valida, richiede la definizione di taluni limiti che ne costituiscono quindi la condizione di validità. Come sottolinea Dieckmann: «Lo scopo polemico si rivolge e colpisce soltanto la "sensibilité" e non il sentimento autentico» (Dieckmann 1941: 170).

Diderot, inoltre, condivide alcuni aspetti della critica all'idea di entusiasmo che era venuta affermandosi nel XVII secolo a partire dalla *Letter concerning Enthusiasm* di Shaftesbury. Questa condivisione è esplicitata nel binomio entusiasmo-mostro. Il mostro è colui che ha sviluppato esclusivamente in modo unilaterale una caratteristica dell'umano a discapito di tutte le altre. Laddove ciò si verifichi, il genio «è ridotto da Diderot ad una anormalità nell'uomo e chiamato mostro», mentre «la grandezza del genio consiste nel suo autocontrollo, non nella sua abilità di tener conto di se stesso, per non essere sottomessi dai tentennamenti delle emozioni, ma nel creare nella sua mente una realtà superiore, qualche immagine ideale indipendente della natura, e per portare tale immagine ad essere conforme con la realtà» (Dieckmann 1941: 171).

Pur all'interno di un contesto che in termini critici aveva accostato idee come quella dell'entusiasmo, Diderot nell'articolo *Éclectisme* dell'*Encyclopédie* scriverà: «L'enthousiasme est un mouvement violent de l'âme, par lequel nous sommes transportés au lilieu des objets que nous avons à reprèsenter» (Diderot 1875, XIV: 322). Si tratta di un passaggio di grande significato perchè ci illustra uno dei tratti salienti, essenziali, dei quali occorrerà determinare l'attualità. In altri termini a quale caratteristica dell'umano bisognerà fare riferimento nel tentare di spiegare questa sorta di proiezione nelle cose? Si tratta di una metafora o corrisponde a qualcosa che può essere più chiaramente spiegata?

Ci sono tre altre importanti affermazioni di Diderot che possono essere utili nel nostro tentativo di chiarificare il senso di quello «spirito profetico» in cui sembra consistere la quintessenza del genio. Esse sono rispettivamente dedicate allo *esprit de divination*, alle *expression énergiques* ed alla *promptitude*. In una sezione dei *Pensieri sull'interpretazione della natura,* dedicata a descrivere l'istinto degli scienziati, in particolari dei fisici sperimentali che hanno osservato la natura così da vicino da poter in una qualche misura prevedere lo sviluppo di ciò che hanno osservato, Diderot scrive:

> il più importante servizio che essi devono rendere a coloro che essi iniziano alla filosofia sperimentale non è tanto istruirli nel processo e nei risultati quanto causare in loro l'acquisizione di quello spirito di divinazione per mezzo del quale fiutare, per così dire, processi sconosciuti, nuovi esperimenti, risultati impensati (Diderot 1875, II: 24).

Il genio, inoltre, può usare il linguaggio in un modo speciale, consistente nell'invenzione di nuovi termini. Sarebbe piuttosto facile supporre che Diderot si riferisca al conio di neologismi, ma le cose stanno in modo differente. Come Dieckmann osserva, si tratta piuttosto di «espressioni originali che Diderot, nell'estetica del dramma, chiama le beau propre, *les expression énergique* (Doolittle 1952). Per mezzo della creazione di espressioni vere del movimento verso l'interno, il genio tiene vivo il linguaggio» (Dieckmann 1941: 177).

In aggiunta, nei suoi *Elementi di Fisiologia,*

Diderot offre un ulteriore elemento della specificità del genio. Il grado di attività cerebrale – egli dice – e l'alta capacità di sintesi sono un importante caratteristica del genio.

Mi sembra che le caratteristiche del genio, desunte dalle affermazioni di Diderot fin qui citate, autorizzino le seguenti considerazioni. Il genio è colui che riesce a *procedere oltre il visibile* e, facendo ciò, a rintracciare gli indici di costanza dei fenomeni che, nella loro invisibilità, sfuggono ad uno sguardo non avvertito ed acritico. Tale facoltà, nient'affatto scontata, si estrinseca per il tramite di una non generica disponibilità ad *accordarsi* con ciò che dev'essere osservato. Il genio è colui che, in sintonia con il mondo, prevede il corso delle cose e attesta, testimoniando, ciò che ha previsto.

Quanto precede mostra, pertanto, che lo stabilirsi di uno sguardo critico non è disgiunto dall'instaurarsi di uno specifico atteggiamento da parte di chi intende incarnare quello stesso sguardo critico. Ancora una volta, cercante e cercato si trovano in una speciale relazione.

Quando siamo di fronte alle cose sembra che la condizione per la comprensione dell'elemento universale, ciò che poc'anzi definivo "invisibili indici di costanza dei fenomeni", sia una modificazione della responsività individuale, cioè del modo in cui ci rapportiamo alle cose.

La condizione per l'accesso alla componente universale, inerente all'esperienza delle cose è la verifica critica di una *Zentrierung*, termine con cui si allude all'ineliminabilità della componente personale quale condizione di possibilità per l'accesso alla conoscenza oggettiva.

Qui dunque sorge un nuovo ordine di compiti per la ragione, non di esaltare l'impassibilità del soggetto in ricerca del senso, ma di rappresentare il coraggio e la responsabilità dell'incarnazione, come autentica condizione per una forma di pensiero nel senso di partecipazione del nucleo di una persona all'essenzialità di tutte le cose.

È questa la casa del genio o, fuor di metafora, il luogo della congiunzione tra fiducia, intuizione e testimonianza.

Per significare la congiunzione tra filosofia e vita, sembra opportuno fare ricorso al termine "testimonianza".

Diderot condividerebbe una tale esplicitazione del suo pensiero?

Nel *Paradosso dell'attore* egli sembra confermare una tale interpretazione ed allo stesso tempo fornire una suggestione ulteriore. Egli scrive:

> Ce n'est pas que la pure nature n'ait ses moments sublimes; mais je pense que s'il est quequ'un sûr de saisir et de conserver leur sublimité, c'est celui lqui les aura pressentis d'imagination ou de génie, et qui les rendra de sang-froid (Diderot 1875, VIII: 374).

È possibile tradurre tali riscontri in una fenomenologia della vita della coscienza?


## 3.   Per una fenomenologia del genio

Vorrei prendere in esame ciò che Husserl scrive nel §3 di *Idee:*

> Quale che sia il tipo cui appartiene l'intuizione di qualcosa di individuale, sia essa adeguata o no, può essere trasformata in un vedere eidetico, e quest'ultimo, che sarà corrispon-

> dentemente adeguato o non adeguato, ha il carattere di un atto *offerente*. [...]. Il vedere eidetico è dunque intuizione, e se è un vedere in senso pregnante e non mera e forse vaga presentificazione, esso è intuizione *originalmente* offerente, capace di afferrare l'essenza nella sua presenza in carne ed ossa (Husserl 2002: 17-18)

Mi sembra che in questo passaggio debbano essere evidenziati i seguenti aspetti interrelati.

In primo luogo, parlare dell'intuizione significa cercare di portare l'incontro tra l'uomo e il mondo alle sue condizioni di possibilità. Ogni *insight*, dice Husserl, è sempre unilaterale, connessa alle *abschattungen,* agli adombramenti che ci danno la cosa per approssimazione graduale e sempre all'interno di limiti dovuti alla specificità della nostra posizione. Questo è uno specifico modo dell'intuizione che ci presenta la cosa in carne ed ossa. Questa intuizione «ha le caratteristiche di un atto presentativo», spiega Husserl.

In secondo luogo, la differenza tra l'intuizione di qualcosa di individuale e ciò che, sebbene non appartenente alla materia sensibile dell'intuizione, va oltre la dimensione individuale, fornendo l'accesso ad una dimensione più grande, è l'intuizione delle essenze (Aportone, Spinicci, Brancacci 2003; anche Raggiunti 1967). Si tratta di una specifica modalità dell'intuizione che può essere ottenuta per il tramite dell'individualità. Questo comporta che fatticità ed eidetica siano strettamente connesse e che il vedere permesso dall'intuizione sia originalmente presentativo. Potremmo forse dire che ci troviamo in presenza di un particolare sguardo sul mondo antecendente ogni possibile predicazione.

In terzo luogo, c'è anche un ulteriore connessione, che io trovo importante. Ciò di cui parliamo infatti può essere indicato come comunalità tra fenomeno, essenza ed *erlebnisse* (Lévinas 2002). Il regno dell'*erlerbnis* è dunque la casa della testimonianza.

L'indicazione che emerge dall'analisi fin qui condotte è in grado di confermarci nel venir meno della desuetudine talvolta riferibile all'idea del genio. Il genio, infatti, non è tanto un soggetto dotato di facoltà extraumane, alle stregua di un supereroe moderno. Il genio è, piuttosto, una condizione acquisibile e, proprio in questo, va ravvisata la sua attualità.

In particolare, il ricorso alle categorie di Husserl mostra che la condizione del genio corrisponde all'attivazione di alcuni momento della vita della coscienza.

## Conclusioni

In questo scritto, ho cercato, muovendo da alcune parole di Diderot, di rintracciare l'originale senso di queste parole, dapprima considerando il contesto filosofico all'interno del quale il filosofo operò e poi la dialettica delle sue relazioni intellettuali; ho inoltre cercato di esplicitare quel nucleo teorico all'interno della vita della coscienza.

Siamo stati in grado di cattura la preda? Non saprei dire.

Il mio intento era di rintracciare i confini di un problema che ha molti possibili aspetti ed implicazioni. Sembra esserci un accordo tra un tale tentativo e ciò che, secondo Odo Marquard , è il compito della filosofia:

> La metafisica è quel ramo della conoscenza
> che ha di fronte problemi dei quali non vie-
> ne a capo. [...]. Avere problemi dei quali non
> si viene a capo, se è spiacevole dal punto di
> vista teoretico-scientifico, è tuttavia normale
> dal punto di vista dell'uomo. [...] Esistono
> problemi umani in rapporto ai quali sarebbe
> anti-umano, e dunque un errore nell'arte del
> vivere, non averli, mentre sarebbe ultra-uma-
> no, dunque un errore nell'arte del vivere, il
> risolverli. [...] Metafisici di professione sono
> coloro che hanno appreso accuratamente e
> con successo a non sbarazzarsi dei problemi:
> in ciò consiste il loro valore. Certamente, chi
> ad un problema non dia alcuna risposta, si la-
> scerà sfuggire in definitiva il problema stesso,
> e questo non va bene. Chi, invece, ad un pro-
> blema dia una sola risposta, crederla di averlo
> risolto, finendo facilmente col diventare un
> dogmatico, e anche questo non va bene. La
> cosa migliore è di dare anche troppe risposte.
> Ciò, ad esempio, in rapporto alla teodicea,
> conserva il problema, senza effettivamente
> risolverlo. [...] Pericolosi sono tanto l'aste-
> nersi dal rispondere, quanto il monismo della
> risposta. Utile, è invece, che la vita generi una
> profusione e un eccesso di risposte, come ef-
> fettivamente accade con la storia della meta-

fisica che, per questo, è l'organo della scepsi. [...] In definitiva, quanto alla metafisica le cose stanno così come quel cacciatore di leoni amico dei leoni che, interrogato su quanti leoni avesse già abbattuto, poteva ammettere: «Nessuno», ricevendo in cambio questa consolante risposta: «Coi leoni è già molto». Proprio così capita alla metafisica [...] ed anche alla teodicea; dei suoi problemi essa non ne ha risolto «nessuno». E, tuttavia, «per gli uomini questo è già molto» (Marquard 1991: 111-2).

# Riferimenti bibliografici

Aurelii Augustini, *Opera Omnia*, PL 41, De Civitate Dei contra Paganos, VII, 13.

Andreasen, N. C. 2005. *The Creating Brain: The Neuroscience of Genius*. New York and Washington: Dana Press

Aportone, A., P. Spinicci, A. Brancacci. 2003. *Il problema dell'intuizione. Tre studi su Platone, Kant, Husserl.* Napoli: Bibliopolis

Bloom, H. 2002. *Il genio*. Milano: BUR

Diderot, D. 1875. *Oeuvres Complètes*. Paris: Garnier Frères

Dieckmann, H. 1941. Diderot's Conception of Genius. *Journal of the History of Ideas*: University of Pennsylvania Press. Vol. 2, n. 2., pp. 151-182

Doolittle, J. 1952. Hieroglyph and Emblem in Diderot's Lettre sur le Sourds et Muets. *Diderot's Studies,* Vol. 2, pp. 148-167

Franzini, E., M. Mazzucot-Mis. 2003. *I nomi dell'estetica.* Milano: Bruno Mondadori

Gross, A.G. 1996. *The Rethoric of Science*. Cambridge: Harvard University Press

Gross, A.G., J.E. Harmon, M.S. Reidy. 2002.

*Communicating Science.* Oxford: Oxford University Press

Husserl, E. 2002. *Idee per una fenomenologia pura e per una filosofia fenomenologica.* Torino: Einaudi

Lévinas, E. 2002. *La teoria dell'intuizione nella fenomenologia di Husserl.* Milano: Jaca Book

Marquard, O. 1991. *In Defense of the Accidental: Philosophical Studies.* New York and Oxford: Oxford University Press

Moretti, G. 1998. *Il genio.* Bologna: Il Mulino

Onnis, R. 1970. Diderot e il problema del genio. *Rivista di Estetica.* 15, pp. 208-223

Raggiunti, R. 1967. *Husserl. Dalla logica alla fenomenologia.* Firenze: Le Monnier

Swales, J. 1990. *Genre Analysis: English in Academic and Research Settings.* Cambridge: Cambridge University Press

# Note

1       Tradotto in metafora, il legame è, per esempio, ciò che ci permette di mantener fede ad una promessa.

2       Anche questa seconda direttrice deve al sanscrito, in particolare al termine *budh-yate*, le sue implicazioni semantiche.

3       In greco il sostantivo *spoudé* si avvicina al significato di studium, indicando sforzo, pena, cura. In giapponese si indica con *kimben* (diligenza, assiduità) il significato originario di studium. *Kimben* (勤勉), è composto dagli ideogrammi 'lavoro, opera' e 'diligenza'.

4       Si pensi a quel passaggio delle *Confessioni* in cui Agostino, quasi a sottolineare l'importanza di una configurazione esclusiva della attribuzione di responsabilità, scrive «Ego, non fatum, non fortuna, non diabolus»; oppure, si pensi al significato della differenza tra la formula *agere sequitur esse,* cifra dell'età premoderna, ed *esse sequitur agere* espressione della modernità pienamente dispiegata.

5       In questo senso possono essere interpretati alcuni riferimenti alla fisiologia del genio che ritroveremo in Diderot: «Arts consiste dans un arrangement heureux des organes du cerveau, dans la bonne conformation de chacun de ces organes, come dans la qualité du sang, laquelle se dispose à fermenter durant le travail, de manière qu'il fournisse en abondance des esprits aux ressorts qui servent aux fonctions de l'imagination» (Diderot 1875: XIV, 322-3).

# Falchi o colombe?
# Fiducia e cooperazione
# nei processi decisionali
# inclusivi

*Terri Mannarini*

## 1. *Falchi o colombe?*

Supponiamo che io abiti al pianterreno di un vecchio edificio; sul mio pianerottolo c'è un'altra porta dove abita un altro inquilino. Non lo conosco: ogni tanto sento che esce di casa o che rientra a tarda sera ma non so neppure che faccia abbia. L'amministratore è latitante, non c'è il portiere. Il problema è chi debba pulire il pianerottolo. Posso scegliere fra alcune alternative: a. non occuparmene lasciando che questo spazio diventi nell'arco di 2-3 mesi impresentabile; b. pulire solo davanti alla mia porta sperando che lui pulisca davanti alla sua, ma se lui non lo farà il pianerottolo continuerà ad essere quasi impresentabile, e la cosa mi seccherà molto; c. il prossimo sabato mattina pulire tutto il pianerottolo, e magari anche l'androne, sperando che la settimana successiva lui afferri l'idea e prenda a sua volta il secchio e strofinaccio (Jervis 2002: 224).

Al protagonista di questa scena di vita quotidiana si pone un dilemma che attraversa molti ambiti dell'esistenza individuale e collettiva: meglio occuparsi solo di ciò che ci riguarda immediatamente e personalmente (la nostra parte di pianerottolo) oppure gettare lo sguardo un po' più in là e prenderci cura anche di qualcosa che è dell'altro? Gettare lo sguardo più lontano nello spazio, quindi metaforicamente oltre il me e tutto ciò che sfiora la sfera personale di ciascuno di noi, e nel tempo, oltre il qui e ora. In altri termini, per rifarci alla teoria evoluzionistica dei giochi (Maynard-Smith 1976): meglio comportarsi da falchi o da colombe? Meglio essere egoisti (in senso tecnico: dare priorità all'interesse personale, vincere o perdere tutto) o cooperare, anche laddove

questo possa implicare un costo (pareggiare)?
Il problema – lo si comprende bene nella situazione di condivisione degli spazi comuni
– è quello dell'interdipendenza tra i soggetti.
La prospettiva dominante nello studio della
cooperazione è rappresentata dalla letteratura
sui dilemmi sociali, ossia situazioni di conflitto tra interesse individuale e interesse collettivo[1]. La teoria dei giochi, e successivamente la
psicologia sociale, hanno studiato i comportamenti di interdipendenza utilizzando il paradigma sperimentale del gioco del prigioniero,
un gioco proposto da Merrill Flood e Melvin
Dresher nel 1950 (Kuhn 2009). L'espressione
deriva dal seguente gioco: due sospetti vengono presi sotto custodia e separati. La polizia
è certa che essi sono colpevoli di un crimine
ma non ha potuto raccogliere prove sufficien-
ti. Viene detto ai prigionieri che hanno due
alternative: confessare o tenere il silenzio. Se
entrambi non confesseranno, saranno loro
addebitate colpe mai commesse ma di minor
conto, e riceveranno una piccola sanzione. Se
entrambi confesseranno, saranno condannati,
ma riceveranno una pena inferiore al massimo

previsto. Se uno dei due confessa e l'altro mantiene il silenzio, il delatore sarà libero mentre l'altro, che ha mantenuto il silenzio, riceverà il massimo della pena. La scelta migliore per entrambi, sarebbe, dunque, quella di non confessare, ma per fare questo dovrebbero accordarsi e, soprattutto, dovrebbero *fidarsi* l'uno dell'altro. I risultati complessivi degli studi condotti secondo questo paradigma indicano invece che, nella gran parte dei casi, i soggetti scelgono di sfruttarsi l'un l'altro, cioè di non cooperare. Essi tendono ad adottare, in linea con la razionalità individuale, una strategia egoistica. Questa scelta si rivela tuttavia dannosa per l'interesse di entrambi, che si avvantaggerebbero di una soluzione cooperativa, tale cioè da non produrre la vittoria dell'uno e la sconfitta dell'altro. Il dilemma illustra, dunque, un conflitto tra la razionalità individuale e la razionalità collettiva, mettendo in evidenza come, se i membri di un gruppo perseguono individualmente il proprio interesse, essi possono ottenere risultati inferiori a quelli che potrebbero essere raggiunti da un altro gruppo i cui membri agiscono in modo cooperativo.

Tuttavia, anche nei dilemmi sociali possono verificarsi esempi di soluzione cooperativa; Axelrod (1984) ha dimostrato che nelle versioni ripetute o prolungate del gioco del prigioniero emerge spontaneamente una strategia non intenzionale basata sulla reciprocità, che tende a ribattere "colpo su colpo" (*tit for tat*) all'azione dell'avversario: l'opzione cooperativa è mantenuta fino al momento in cui l'altro non sceglie la defezione; a questo punto si risponde, per rappresaglia, con un'ulteriore defezione, spingendo l'avversario a riprendere la scelta cooperativa. È il principio del rinforzo: la cooperazione è premiata con la cooperazione e lo sfruttamento con un'analoga reazione di sfruttamento; ma è la norma di reciprocità, ovvero l'aspettativa che l'altro ricambi, a porre le basi della cooperazione. In definitiva, la teoria dei giochi non riesce a dimostrare compiutamente che l'insorgenza della cooperazione deriva da un calcolo di utilità. È ormai matura la convinzione che la scelta razionale non possa essere considerata psicologicamente valida, tale cioè da dare conto del comportamento degli attori (Good 1988; Rumiati e Pietroni 2002); inoltre, l'interazione tra gli individui e le risorse comuni è molto più complessa e varia di quanto tali modelli presumano (Schlager 2002). Come attestano molti esempi della vita reale, la scelta centrata sulla valutazione costi-benefici non è l'unica a guidare i comportamenti delle persone, né come singoli né come gruppi. I fattori che promuovono la cooperazione sono un intreccio di motivazioni altruistiche, norme morali e norme sociali (Elster 1989). A queste si aggiungono, sul piano strettamente cognitivo, le illusioni derivanti dalla credenza quasi-magica che il proprio comportamento possa determinare le azioni altrui nella direzione voluta (Girotto 1996). Sarebbe proprio questo il meccanismo cognitivo caratterizzante le scelte cooperative effettuate in condizioni di incertezza, cioè nell'ignoranza delle intenzioni della controparte.

Le prospettive più recenti negli studi sulla cooperazione sottolineano l'importanza delle norme, dei valori e dell'identità sociale nel motivare i singoli ad intraprendere azioni di tipo cooperativo. La cooperazione esiste perché alla base della scelta collaborativa agiscono predisposizioni individuali, orientamenti valoriali, norme sociali di ordine generale riguardanti la reciprocità, l'equità e la giustizia. Ma, prima ancora di questi elementi, è necessario prendere in considerazione il complesso substrato psicologico che orienta la predisposizione di ciascuno di noi verso la relazione con l'altro: parliamo, appunto, della fiducia, da molti considerata un presupposto della cooperazione.

## 2. *Fiducia e cooperazione nei processi decisionali inclusivi*

Come essere sicuri che l'altro non ci danneggerà? Che non tradirà la fiducia che noi, con un atto di rischiosa esposizione, gli o le accordiamo, ma ricambierà simmetricamente la nostra disponibilità? Malgrado le molte concettualizzazioni, c'è un discreto consenso tra gli scienziati sociali circa la definizione generale di fiducia: la disponibilità ad accettare una condizione di vulnerabilità nella relazione con l'altro, a partire dall'aspettativa che il comportamento dell'altro non sarà di danno (Rousseau, Sitkin, Burt e Camerer 1998). La fiducia viene considerata un riduttore della complessità e dell'incertezza dell'azione (Cotesta 1998), un'aspettativa di *ego* relativa al comportamento futuro di *alter*. Più genericamente, è «un'aspettativa di esperienze con valenza positiva, maturata sotto condizioni di incertezza, ma in presenza di un carico cognitivo e/o emotivo tale da permettere di superare la soglia della mera speranza» (Mutti 1994: 81). In termini psicologici, la fiducia (o la sfiducia) è un particolare livello delle probabilità soggettive con cui un soggetto valuta che altri compiranno una certa azione; è una teoria ingenua circa il comportamento di altri in un'occasione futura, in funzione di affermazioni presenti o passate. A determinare il comportamento di fiducia concorre, tuttavia, anche un'altra componente: si tratta della propensione al rischio. Infatti, nell'apertura di credito che si fa all'altro, si accetta di correre il rischio di non essere reciprocati (Song 2009), e dunque di essere traditi, feriti o delusi, o comunque di pagare un costo di qualche tipo. Riprendiamo l'esempio che apre il saggio:

> Se, come un qualsiasi altro cittadino, io ho fin dall'inizio una qualche fiducia nel mio vicino è perché ritengo di vivere in un contesto sociale amichevole, dove prevalga la disponibilità. In caso contrario non prevedo che i miei vicini saranno cooperativi e suppongo che la pulizia del pianerottolo – oltre che all'androne e così via, e sempre che io ami gli spazi puliti – resterà a mio carico (Jervis 2002: 225).

Insomma, il vicino del caso in questione può non raccogliere il messaggio e non voler cooperare, e in questo caso il protagonista avrà fatto del lavoro in più senza ottenere i frutti sperati, e la sua aspettativa sarà andata delusa. In ogni caso, la capacità della fiducia di stimolare comportamenti cooperativi appare piuttosto marcata. Possiamo generalizzare questo principio all'insieme dei rapporti sociali? Immaginare che esso valga non solo nell'interazione interpersonale, ma anche quando gli attori sono entità collettive: gruppi, organizzazioni, istituzioni, comunità? Discuteremo questi aspetti nel prosieguo, ma possiamo intanto affermare che la fiducia impersonale, quella che ha per oggetto non un individuo ma un'entità collettiva, è correlata alla fiducia interpersonale e allo sviluppo della fiducia di base: gli studi in ambito politico, per esempio, indicano chiaramente che la relazione fiduciaria indiretta è ancorata alla fiducia di fondo nell'affidabilità del mondo, quest'ultima costruitasi nel rapporto con gli altri significativi con cui sono state sperimentate relazioni di fiducia dirette e personali (Mutti 1998).

Consideriamo ora i livelli e le manifestazioni della fiducia all'interno di un particolare ambito d'azione: quello dei "processi decisionali inclusivi": questa etichetta, in uso tra gli analisti delle politiche pubbliche, include una variegata pletora di situazioni in cui degli attori istituzionali – perlopiù le istituzioni politiche – chiamate a compiere scelte di e nell'interesse collettivo, istituiscono un setting[2] partecipativo in cui singoli cittadini e stakeholder (associazioni, imprese, ecc.) sono chiamati a cooperare tra loro e con le istituzioni stesse per la risoluzione di problemi collettivi. Si tratta di pratiche partecipative ispirate al principio della governance, molto diverse tra loro nel disegno, nelle tecniche utilizzate e nei temi affrontati (ricerca scientifica, innovazione tecnologica, rischio ambientale, trasformazione urbana, strategie di sviluppo locale, welfare, ecc.), ma accomunate da tre macro-caratteristiche (Fung e Wright 2001): (a) l'orientamento pratico: si focalizzano su questioni concrete e specifiche, che siano legate alla salvaguardia dell'ambiente piuttosto che alla costruzione di un bilancio, o alla sicurezza sociale, o ad altro ancora; (b) la partecipazione di non-esperti, ossia di comuni cittadini: queste pratiche sono un canale attraverso cui le persone direttamente toccate da un problema possono usare le proprie conoscenze e far valere i propri interessi nella formulazione delle decisioni; (c) infine, la produzione di soluzioni basate sull'argomentazione: l'idea è che attraverso la pratica discorsiva e lo scambio di argomenti con cui i partecipanti cercano di convincersi reciprocamente offrendo e accettando ragioni razionali, le persone modifichino le proprie preferenze, giungendo ad una decisione consensuale.

Interdipendenza e incertezza, le due condizioni basilari per lo sviluppo della fiducia, costituiscono caratteristiche intrinseche di questi setting. L'interdipendenza è sottesa dalla dimensione gruppale che contraddistingue questi contesti di comunicazione (ne parleremo più avanti) e rafforzata dall'obiettivo di giungere ad una soluzione/definizione condivisa dei problemi. L'incertezza riguarda strutturalmente tanto le soluzioni al problema quanto gli esiti del processo stesso. Secondo Pellizzoni (2005) essa si può declinare in diversi modi: come incertezza in senso stretto, quando non si conosce la probabilità con la quale un evento può verificarsi; ignoranza, quando non si è in possesso di alcuni dati e non si conosce la loro rilevanza ai fini della decisione; indeterminazione, quando non si possono prevedere con sicurezza gli effetti di alcune azioni perché non si ha il controllo su tutte le variabili intervenienti; complessità, quando la logica dei sistemi di interazione segue percorsi non lineari; disaccordo, quando vi sono divergenze significative sulla definizione di una questione, sulla selezione o l'interpretazione dei dati; ambiguità, quando non c'è chiarezza circa la definizione di una questione. In una o più di queste forme, l'incertezza attraversa i processi decisionali inclusivi.

E dunque. Come si declina la fiducia in queste pratiche decisionali di tipo inclusivo? Chi coinvolge?

## 3.   *Dall'uno ai molti*

I processi decisionali inclusivi coinvolgono piccoli gruppi di persone, per ragioni ben note agli psicologi: il piccolo gruppo, a differenza del grande gruppo – solo apparentemente più democratico in quanto più ampio – agevola l'interazione diretta tra i partecipanti, le relazioni frontali e gli scambi di informazioni; facilita l'espressione dei punti di vista presenti e favorisce la comunicazione orizzontale; fa sentire le persone relativamente "al sicuro". Tuttavia, interagire all'interno di un gruppo non è, per gli individui, un comportamento naturale. Mentre la tendenza che spinge le persone, quando si trovano in una situazione non familiare o sconosciuta, a cercarne un'altra è istintiva e immediata, e ha la funzione di contenere l'ansia del trovarsi completamente soli in un contesto ignoto, il passaggio che fa transitare i soggetti dalla dimensione di coppia alla dimensione di gruppo non è altrettanto fluido (Trentini 1997). Nei gruppi c'è sempre una tensione tra l'essere-uno e l'essere-molti, che attraversa costantemente il processo di interazione.

Dal punto di vista strutturale, i gruppi che si formano nell'ambito delle pratiche decisionali partecipate sono gruppi *istituzionali*, che si formano non sulla base di una scelta reciproca dei membri ma sulla base di criteri di ingresso definiti in anticipo da un attore istituzionale. Sono, ancora, gruppi *di lavoro*, coordinati da un facilitatore esterno, con un compito da svolgere e un obiettivo da raggiungere. Per funzionare devono avere sin dal principio un obiettivo chiaro e condiviso; adottare un metodo, cioè decidere i criteri che guidano e organizzano l'attività; garantire la comunicazione, il processo chiave che permette il funzionamento del gruppo; tenere un clima relazionale al di sotto di una certa soglia di conflittualità; definire i ruoli di ciascuno. L'interdipendenza che caratterizza questo gruppi è quella "di compito".

Sono, infine, gruppi *temporanei*, senza un passato comune e senza un futuro che si estenda al di là dell'espletamento del compito affidato. Questa proprietà, ricorrente nelle organizzazioni lavorative in cui si strutturano i gruppi di progetto, pone i partecipanti in una singolare situazione: quella di doversi fidare degli altri senza, allo stesso tempo, avere a disposizione il tempo necessario per costruire la fiducia. In condizioni normali, la fiducia si sviluppa a mano a mano che l'interazione progredisce e le persone imparano a conoscersi. Tuttavia, essa può emergere anche in intervalli di tempo molto brevi: si tratta di una fiducia rapida (*swift trust*) (Meyerson, Weick e Kramer 1996), che non richiede la presenza di quegli elementi che nella vita di tutti i giorni sono associati allo sviluppo della fiducia reciproca (per esempio la familiarità, la condivisione di esperienze, o il rispetto delle promesse). La fiducia rapida si basa, più che sulla conoscenza degli altri come individui unici e particolari, sulle informazioni che possiamo trarre dal loro ruolo sociale e da alcune caratteristiche generali come il sesso, l'età, la professione, ecc. In altri termini, si tratta di una conoscenza superficiale, che fornisce però la base minima di informazioni necessarie per consentire alle persone una reciproca apertura di credito. Questo meccanismo, peraltro, sembra scattare tanto più velocemente quanto più le persone si trovano in una condizione di incertezza, cioè di ignoranza circa le intenzioni di comportamento degli altri. Tipicamente, ciò si verifica quando ci si trova in un contesto sconosciuto, tra individui sconosciuti; in situazioni di questo tipo, in cui si è costretti all'interdipendenza con gli altri, non si può far altro che rischiare, cioè accordare la propria fiducia anche correndo il pericolo che venga tradita. Senza di essa, cooperare per costruire una soluzione condivisa dei problemi sarebbe arduo. Tuttavia, così come velocemente si forma, altrettanto velocemente la fiducia rapida può disfarsi. Infatti, in particolare nei gruppi temporanei che si riuniscono solo per un evento *one-shot* e in cui la possibilità di scambiare informazioni reciproche non è particolarmente elevata, le prime impressioni si formano abbastanza rapidamente e tendono a conservarsi anche in presenza di successive disconferme, rendendo difficile per i partecipanti sviluppare una reale conoscenza reciproca e, potenzialmente, intaccando il livello di fiducia reciproca stabilitosi tra i membri[3].

Per ricapitolare. Nei processi decisionali inclusivi una prima manifestazione della fiducia riguarda la relazione tra i membri di un gruppo nella sua iniziale fase di sviluppo. Si tratta di una fiducia che è finalizzata a garantire l'interdipendenza di compito e che si forma rapidamente, favorita dal sentimento di vulnerabilità e di incertezza che caratterizza il trovarsi in una situazione nuova. Una fiducia estremamente funzionale al funzionamento del gruppo, la cui base cognitiva è piuttosto ridotta e stereotipata: questa caratteristica rappresenta al contempo un fattore di debolezza, dal momento che rischia di impedire lo sviluppo di una conoscenza più approfondita degli altri, tendendo a fissare in maniera rigida le prime impressioni ricevute.

## 4. *Proself versus prosocial*

La disponibilità a cooperare è legata anche a caratteristiche personali, che fanno sì che alcuni individui mostrino una più o meno spiccata tendenza a comportarsi in modo cooperativo, individualista, o competitivo. Tale propensione viene spiegata con l'interiorizzazione di valori e norme sociali, tra le quali fondamentale è la norma di reciprocità. Tale norma è implicita nella definizione di fiducia che si è fornita in precedenza: il soggetto che decide di fidarsi si aspetta dall'altro un comportamento simmetrico, analogo. Presuppone cioè che, dando fiducia, riceverà fiducia. E nel momento in cui la riceve, non può che confermarla a sua volta, in una dinamica autoalimentante di reciprocità.

Recentemente, il tema delle norme nell'orientare i comportamenti, in particolare in situazioni di potenziale conflitto, è stato inglobato in un costrutto di personalità: l'orientamento ai valori sociali, considerato un fattore «individuale stabile relativo al modo con cui le persone valutano i propri o altrui vantaggi in situazioni di interdipendenza» (De Cremer e Van Vugt 1999: 873). Secondo questo approccio gli individui si dividono in due tipi: proself e prosocial. Tanto più una persona è prosocial, tanto più è probabile che metta in atto scelte volte a massimizzare i vantaggi collettivi, anche a scapito dei vantaggi personali, e viceversa. L'orientamento prosocial è caratteristico di quegli individui che sono disponibili alla cooperazione, cercano l'uguaglianza e sono generosi verso gli altri: sono le colombe. L'orientamento proself distingue quelle persone che sono prevalentemente focalizzate alla ricerca dei propri interessi e vantaggi personali: i falchi. Il concetto di orientamento ai valori sociali si riferisce, in specifico, all'attenzione per i risultati delle azioni; si parte, infatti, dal principio che tutti gli individui valutano nello stesso modo gli esiti che riguardano se stessi, ma variano nel modo con cui valutano i risultati dell'azione per gli altri o nel modo con cui i propri risultati sono in rapporto a quelli altrui. Sotto questo profilo si possono individuare quattro sub-orientamenti, dei quali i primi due caratterizzano congiuntamente le persone prosocial: sono la cooperazione, che implica massimizzare sia i risultati propri sia quelli altrui, e l'uguaglianza, che comporta la minimizzazione delle differenze tra i propri risultati e quelli degli altri, e si riferisce dunque ad una tendenza verso un'allocazione egalitaria delle risorse. Tra gli individui proself possiamo riscontrare un orientamento individualista, che spinge a massimizzare i risultati per sé senza preoccuparsi di quelli degli altri, oppure un orientamento competitivo, che implica ottimizzare i propri vantaggi a scapito di quelli altrui (Van Lange 1999).

Cooperazione, competizione e individualismo si configurano, dunque, come tre tendenze distinte. Ma come si comportano questi tipi psicologici quando si trovano in situazioni di interdipendenza, come per esempio quando sono coinvolti in un processo decisionale inclusivo? I prosocial agiscono in maniera prosociale fino a quando coloro con i quali interagiscono smettono di comportarsi cooperativamente; poichè essi tendono a considerare coloro che non cooperano come ingiusti e sfruttatori, se avvertono che principi di giustizia o di equità sono gravemente violati, possono passare all'adozione di ferme strategie non cooperative. È la strategia del *tit for tat* individuata dalla teoria dei giochi. Gli individualisti si impegnano in un comportamento prosociale solo se hanno obiettivi di lungo termine che li spingono strumentalmente a cooperare; i competitivi, invece, non hanno mai motivi per essere prosociali. Come i falchi, scelgono sempre di non cooperare, e di non fidarsi.

Per quanto attiene alle ragioni per le quali i prosocial mostrano elevati livelli di cooperazione e cercano opportunità per incrementare i risultati collettivi e l'uguaglianza, secondo gli autori le motivazioni sono da ricercare nell'interiorizzazione di due norme: la norma di responsabilità sociale, che si riferisce alla preoccupazione per coloro che versano in stato di sofferenza o di bisogno, e la norma di reciprocità, cioè la tendenza a ricompensare o punire l'altro in base a ciò che merita. I prosocial hanno un più forte senso di responsabilità sociale; allo stesso tempo, essi hanno anche un più forte desiderio di restaurare un'uguaglianza nei risultati nella misura in cui utilizzano la norma di reciprocità, restituendo agli altri comportamenti dello stesso segno. Un orientamento prosocial o proself cambia, dunque, il modo con cui le persone si rapportano agli altri in una situazione di interdipendenza, e questa variazione ha implicazioni ed effetti abbastanza evidenti sul processo di soluzione collettiva dei problemi. I fattori individuali che promuovono oppure ostacolano la cooperazione sono in grado di dare conto del fatto che gli individui affrontano – nei processi decisionali in cui sono coinvolti, così come in ogni altra situazione di vita – questioni che riguardano l'interesse collettivo, le risorse e i beni comuni pensando e comportandosi in modi diversi.

L'orientamento ai valori sociali suggerisce che chi coopera ragiona su di sé e sugli altri, e si rapporta al mondo sociale, sulla base di aspettative di reciprocità. Potremmo dire che la personalità prosocial è tendenzialmente cooperativa in quanto si fida dell'altro. Insomma, fiducia e prosocialità, pur essendo costrutti distinti, appaiono strettamente interrelati, rafforzandosi vicendevolmente in un circolo virtuoso che appare particolarmente benefico per affrontare i dilemmi sociali, in cui l'interesse dei singoli e l'interesse dei molti sono tra loro in conflitto.

## 5. *Affidabilità e competenza*

Nelle pratiche decisionali di tipo partecipato, che come si è detto si realizzano per volontà di un attore istituzionale, la fiducia investe non soltanto le relazioni tra i partecipanti – di cui si è discusso sino a qui – ma anche il rapporto tra i cittadini e le istituzioni politiche. La qualità di tale rapporto, e il grado di affidabilità che lo contraddistingue, influiscono, infatti, sull'atteggiamento con il quale i cittadini/stakeholder si predispongono a cooperare o a non cooperare per la soluzione dei problemi collettivi.

Si ritiene generalmente che un atteggiamento fiducioso nei confronti delle istituzioni politiche favorisca la partecipazione politica nelle sue forme più tradizionali, mentre un atteggiamento disilluso e cinico incoraggi l'adozione di forme di protesta (Craig, Niemi e Silver 1990; Shingles 1988). Secondo una proposta teorica di tipo cognitivista (Castelfranchi e Falcone 2000) l'atto del fidarsi presuppone che un soggetto A reputi l'individuo/sistema B di cui fidarsi come competente; tuttavia, ciò non è sufficiente. Perché il soggetto si possa fidare di un'istituzione, è necessario che quest'ultima voglia agire nel senso che il soggetto si aspetta. In altri termini, affinché un soggetto riponga fiducia nelle istituzioni da cui è rappresentato, è necessario prima di tutto che le percepisca come in grado di agire competentemente e, in seconda istanza, che queste siano realmente disposte a muoversi secondo ciò che il soggetto si attende. La fiducia dipende, secondo Newton (1999), oltre che dalla coincidenza tra aspettative e risultati, anche dal grado di consapevolezza che i soggetti possiedono del funzionamento delle istituzioni. Sono quindi molteplici i concetti che orbitano attorno all'atto del fidarsi; c'è una dimensione legata all'altro (percepire l'altro competente e riporre su questi delle aspettative) e ve ne è una di tipo individuale, connessa al livello di conoscenza personale. Secondo Pasquino (2002), si creerebbe una sorta di circolo vizioso tra la scarsa conoscenza politica e la scarsa fiducia: quest'ultima rappresenterebbe l'origine del disinteresse verso la politica che, a sua volta, condurrebbe a delle limitate conoscenze politiche. Da qui, poi, genererebbe un senso di inefficacia personale il quale, infine, non farebbe altro che alimentare ulteriormente la sfiducia verso il mondo politico.

A questo discorso generale si deve anche affiancare una considerazione che riguarda in specifico il rapporto tra i cittadini e i decisori nelle pratiche di "governo diffuso", di cui i processi decisionali inclusivi sono la manifestazione più diretta. Evidentemente è possibile individuare diversi livelli di coinvolgimento dei cittadini nei processi decisionali, partendo dalla totale esclusione sino alla completa inclusione. Ai livelli più bassi della scala (classica quella di Arnestein 1969) si collocano quelle forme di coinvolgimento della cittadinanza che hanno carattere formale, non permettendo ai soggetti-utenti di intervenire sulle decisioni prese. Possiamo in proposito parlare di falsa partecipazione, di partecipazione simbolica o, per utilizzare un termine del vocabolario politico anglosassone, di *tokenism*: una concessione puramente formale. Rientrano in questa categoria tutte le forme di contatto tra cittadini e decisori che si configurano come flusso di informazione/comunicazione unidirezionale dall'alto verso il basso. Lo scambio di informazioni costituisce un livello più avanzato di coinvolgimento dei cittadini nella gestione pubblica; esso si fonda sulla consultazione, cioè su un processo interattivo strutturato su un tema specifico in cui, definito un quadro comune del problema, si presentano e si ascoltano le diverse opinioni e si valutano possibili soluzioni. In questa forma di partecipazione il decisore non solo rilascia informazioni, ma si avvale delle informazioni che provengono dalla cittadinanza per definire un problema o scegliere tra le possibili alternative. Evidentemente, anche questo livello di partecipazione può essere manipolato, e lo strumento della consultazione utilizzato a scopi demagogici e di consenso, più che per una reale volontà di condividere la responsabilità delle scelte. Il punto critico, per cui la partecipazione rischia di ridursi alla ripetizione di rituali vuoti o, nel peggiore dei casi, manipolativi, è che riconoscere il cittadino come una risorsa per il funzionamento della comunità locale implica riconoscergli una titolarità, e dunque ridefinire e ridistribuire i poteri.

Il tema del conflitto riguarda, in definitiva, l'esercizio del potere. Sotto questo aspetto, è significativa la fenomenologia del rapporto decisori-cittadini. Se i decisori si collocano nella relazione secondo la logica del gioco a somma zero (per richiamare ancora una volta il paradigma del gioco del prigioniero), consentire ai cittadini una partecipazione reale significa perdere quote di potere, dunque la strategia delle cooperazione risulta perdente.

Al contrario, se essi si pongono nella logica del gioco a somma positiva, aprire la strada al coinvolgimento del cittadino nei processi decisionali significa accrescere il potere di entrambi, e certamente accrescere l'*empowerment* della collettività nel suo insieme. Analogo discorso riguarda gli stessi cittadini: quale vantaggio traggono dal partecipare? La valutazione varia in base al grado di fiducia riposto nelle istituzioni e, più in generale, al tipo di rappresentazione che ad esse si accompagna: in presenza di una scarsa fiducia, è probabile che l'individuo ritenga più vantaggioso agire a tutela dei propri bisogni e interessi. Se l'istituzione è percepita come inaffidabile, altro da sé, nemica, elemento da negare, la scelta cooperativa non è sentita come opzione praticabile. In definitiva, in situazioni di crisi della fiducia nelle istituzioni, le persone giudicano rischioso seguire stili di vita cooperativi esponendosi al rischio di essere sfruttati da istituzioni egoiste. Un bel problema. Ne va del rispetto e dell'integrità delle istituzioni, della coesione sociale e della *civicness*, e anche della governance stessa, che presuppone e si basa su un atteggiamento di fiducia reciproca tra istituzioni di governo e cittadini.

## 6. *Noi-voi*

I processi decisionali inclusivi interpellano la cittadinanza su un tema/problema in una duplice forma: come singoli individui, membri di una comunità che è interessata dalla questione specifica, e come portatori di interesse (stakeholder): imprenditori, attivisti, operatori professionali.... In questa seconda veste, le persone coinvolte nelle pratiche decisionali partecipate esprimono una posizione che è personale ma che è allo stesso tempo rappresentativa della categoria di cui sono portavoce: un imprenditore parla a nome proprio ma anche come esponente della categoria degli imprenditori. Questa condizione influisce sulla dinamica fiduciaria. Bisogna, infatti, considerare che l'identità sociale che deriva dal fatto che un individuo si percepisce come membro di una certa categoria (gli imprenditori, per continuare con questo esempio), fa sì che egli/ella entri in relazione con l'altro in una modalità diversa di quella che contraddistingue il rapporto tra due individui in cui è l'identità personale ad essere maggiormente saliente. Questo assunto, che in psicologia sociale è stato avanzato dalla Teoria dell'Identità Sociale e della Categorizzazione Sociale (Tajfel e Turner 1981), e che innumerevoli studi empirici hanno confermato, indica che c'è una discontinuità tra il livello della relazione interpersonale e il livello della relazione intergruppi: infatti, nel momento in cui il nostro imprenditore (Paolo) si rapporta ad un altro stakeholder, per esempio un operatore sociale (Giovanni), in quanto imprenditore, il confronto che si instaura non è più quello tra Paolo e Giovanni (io-tu), ma tra due gruppi o categorie sociali: gli imprenditori e gli operatori sociali (noi-voi). Questo salto nei livelli di funzionamento del sociale si riflette nella dinamica della fiducia. Numerosi studi, condotti in vari ambiti – pregiudizio e le relazioni interetniche, cooperazione e conflitto – ispirati dalla Teoria dei giochi o dalla Teoria dell'Identità Sociale, mostrano chiaramente che le relazioni intergruppi sono significativamente più competitive e meno cooperative delle relazioni interpersonali. In sostanza, ci si fida di meno degli altri (vale a dire: c'è una più bassa aspettativa di reciprocità) se gli altri sono categorizzati come membri di un gruppo diverso dal proprio. E questo comportamento si riscontra anche quando le persone interagiscono con altri come rappresentanti di un gruppo (Song 2009). La maggiore competitività e il minor livello di fiducia delle relazioni intergruppi si verificano non solo in una situazione di interdipendenza negativa – quando cioè ciascun gruppo rappresenta per l'altro una minaccia simbolica o reale – ma anche in situazioni di interdipendenza positiva, ossia quando i gruppi sono costretti a cooperare per raggiungere un obiettivo comune (il cosiddetto scopo sovraordinato). In questi casi, infatti, se manca una base fiduciaria basata su un'identità comune ai diversi gruppi, anche l'interdipendenza positiva può generare ostilità e conflitto (Brewer 1999). L'importanza dei processi di categorizzazione sociale appare in tutta la sua evidenza nei dilemmi sociali che implicano molteplici livelli di conflitto e molteplici appartenenza categoriale (sé, gruppo, comunità), in cui cioè entrano in gioco gli interessi individuali, gli interessi di specifici gruppi e l'interesse collettivo. In questi casi, la categorizzazione sociale può operare in tre modi (Wit e Kerr 2002): (a) nei contesti in cui gli individui percepiscono l'aggregazione sociale in termini di collezione di individui, essi saranno più propensi a servire i propri interessi di privati cittadini; (b) al contrario, se concepiscono l'aggregazione primariamente come l'insieme di due o più sottogruppi, agiranno nell'interesse del gruppo cui appartengono; (c) infine, se hanno un'idea dell'aggregazione sociale come collettività sovraordinata a individui e gruppi, si preoccuperanno di più dell'interesse collettivo e meno di quello di gruppo o individuale. In altre parole, la salienza di ciascun livello di categorizzazione fa sì che l'interesse si sposti su quel livello, confermando la centralità dell'identità sociale nell'instaurarsi e il mantenersi dei processi di cooperazione.

Nell'ambito delle politiche pubbliche di governo diffuso, che cercano di coinvolgere il territorio e i suoi attori nelle decisioni, chiedendo a questi ultimi di cooperare tra loro (un esempio: i Piani di Zona), si trovano numerosi esempi di come la categorizzazione sociale impedisca alle parti coinvolte di collaborare. La caratteristica di questi reti interorganizzative create *ad hoc* (tecnicamente si tratta di strutture di implementazione, Hjern e Porter 1981), risiede nella natura dei legami tra le parti, le cui relazioni si basano solo parzialmente su norme formali e sul riconoscimento dell'autorità, ma molto di più sulla capacità di condividere valori, obiettivi, pratiche e stili di lavoro. Ciascun attore ha un'identità (sociale e organizzativa) alla quale non vuole rinunciare, che può entrare in conflitto con l'identità collettiva rappresentata dalla struttura più ampia di cui esso stesso è parte: questa condizione di doppia appartenenza può essere fonte di comportamenti non allineati (Benson 1975). Il *network* richiede necessariamente la negoziazione continua degli obiettivi e delle strategie perché la cooperazione è strutturalmente richiesta; i vari partner sono pertanto chiamati, in qualche modo, ad operare un passaggio dalla logica individuale (la logica della propria organizzazione, del proprio gruppo di riferimento), alla logica collettiva. Come in un caso classico da dilemma del prigioniero, questo passaggio è altamente probabile in presenza di un rapporto fiduciario: ancora una volta, la fiducia si rivela essere la premessa della cooperazione. Ma, come abbiamo discusso prima, nelle relazioni che vanno oltre il livello interpersonale la fiducia fa fatica fa fatica a stabilirsi, e questo fa sì che le difficoltà di cooperazione e di gestione del conflitto siano destinate ad aumentare.

## Conclusioni

In queste brevi pagine abbiamo cercato di mettere in evidenza quale sia il ruolo della fiducia nell'esercizio effettivo della cittadinanza, nell'azione istituzionale e nella soluzione dei problemi collettivi. Dell'importanza della fiducia non val la pena dire, tanto è patente. Più interessante, invece, ricapitolare ciò che ostacola il crearsi dei legami fiduciari e dunque l'adozione di comportamenti cooperativi.

In una situazione sociale nuova – come quella rappresentata da un setting partecipativo dalla cornice istituzionale – in cui l'individuo entra in contatto con altri sconosciuti, la ricerca dell'altro è immediata, ma nella forma della coppia più che del gruppo. Il passaggio dalla relazione uno-a-uno alla relazione uno-a-molti fa i conti con una resistenza che non facilita atteggiamenti di apertura (e dunque di fiducia) reciproca. E tuttavia, quando il gruppo e il suo obiettivo si definiscono – individuare soluzioni ad un problema collettivo, che riguarda in qualche misura tutti i partecipanti presenti – scatta l'interdipendenza di compito, e l'incertezza che caratterizza la situazione (di processo e di esito) favorisce l'emergere di una fiducia rapida. Non tutti, evidentemente, si fidano degli altri nella stessa misura, e non tutti sono, per loro natura, disponibili a cooperare: anche alcune dimensioni di personalità giocano un ruolo nei processi di decisione collettiva, contrapponendo falchi (tipi proself) e colombe (tipi prosocial). Come elemento che fa da sfondo all'azione immediata degli attori coinvolti nelle pratiche di governance, ma che indirettamente influenza i loro comportamenti, sta la relazione che lega cittadini e stakeholder alle istituzioni, in particolare quelle politiche. Esperienze e conoscenze pregresse, percezione di affidabilità e competenza, determinano l'atteggiamento di base con cui gli attori entrano nei processi decisionali inclusivi. Anche per questa diade composta da entità collettive (le istituzioni, la cittadinanza), vale la generale, se pur non infallibile, regola di reciprocità che governa le relazioni interpersonali: la disponibilità tende a essere ricambiata con la disponibilità, l'egoismo con l'egoismo. Infine, ci sono altre entità collettive che entrano in gioco in questi contesti decisionali: sono i gruppi di riferimento dei partecipanti, che fanno sì che la relazione tra di essi possa slittare sul livello dei rapporti intergruppi, rendendo  meno cooperativo e più competitivo il confronto.

Il quadro dei processi reali, come sempre,

è complesso e sfaccettato, e intervenire o governare sono compiti non semplici. È certo tuttavia che per trovare soluzioni ai dilemmi sociali e ai problemi che affliggono le comunità, anzi per preservare l'orizzonte di senso comune che è alla base della convivenza e fa da collante sociale, le colombe sono più utili dei falchi. Abbiamo bisogno di fidarci.

# Riferimenti bibliografici

Arnstein, S.R. 1969. A ladder of citizen participation. *Journal of the American Institute of Planners* 35: 216-224.

Axelrod, R. 1984. *The evolution of cooperation*, New York: Basic Books.

Benson, J.K. 1975. The interorganizational network as a political economy. *Administrative Science Quarterly* 29: 229-249.

Brewer, M. 1999. The psychology of prejudice: Ingroup love or outgroup hate?. *Journal of Social Issues* 55: 429–444

Castelfranchi, C., R. Falcone. 2000, Trust and control: A dialectic link. *Applied Artificial Intelligence Journal* 14: 799-823.

Cotesta, V. 1998. *Fiducia, cooperazione, solidarietà*, Napoli: Liguori.

Craig, S. C., R.G. Niemi, G.E. Silver. 1990. Political efficacy and trust: A report on the NES pilot study items. *Political Behaviour* 12: 289-314.

De Cremer, D., M. Van Vugt. 1999. Social identification effects in social dilemmas: A trasformation of motives. *European Journal of Social Psychology* 7: 871-893.

Elster, J. 1989. *Nuts and bolts for the social sciences*,

Cambridge: Cambridge University Press.

Fung, A. E.O. Wright. 2001. Deepening democracy: Innovations in empowered participatory governance. *Politics & Society* 1: 5-41.

Fulmer, C.A., M.J. Gelfand. (2011 forthcoming). How do I trust thee? Dynamic trust profiles and their individual and social contextual determinants. In K. Sycara, M. J. Gelfand and A. Abbe (Eds), *Modeling inter-cultural collaboration and negotiation*. New York: Springer.

Girotto, M. 1996. Fondamenti cognitivi dei paradossi della razionalità. In P. Legrenzi, V. Girotto, *Psicologia e politica*. Milano: Cortina, pp. 91-123.

Good. D. 1988. Individuals, interpersonal relations, and trust. In D. Gambetta (Ed), *Trust: Making and breaking cooperative relations*. New York: Blackwell, pp. 31-48..

Hjern, B., D.O. Porter. 1981. Implementation structures: A new unit of administrative analysis. *Organization Studies* 2/3: 211-227.

Jervis, G. 2002. *Individualismo e cooperazione*, Roma: Laterza.

Kanagaretnam, K., S. Mestelman, K. Nainar, M. Shehata. 2009. The impact of social value orientation and risk attitudes on trust and reciprocity. *Journal of Economic Psychology* 30: 368-380.

Kuhn, S. 2009. Prisoner's dilemma. In N. Zalta (Ed), *The Stanford Encyclopedia of Philosophy (Spring 2009 Edition)* <http://plato.stanford.edu/archives/spr2009/entries/prisoner-dilemma/>.

Maynard-Smith, J. 1976. Evolution and the theory of games. *American Scientist* 64: 41–45.

Meyerson, D., K. Weick, R. Kramer. 1996. Swift trust and temporary groups. In R. Kramer and T. Tyler (Eds), *Trust in organizations: Frontiers of theory and research*, Thousand Oaks: Sage, pp. 166-195.

Mutti, A. 1994. Fiducia. In *Enciclopedia delle Scienze Sociali*, Istituto dell'Enciclopedia Italiana, Roma, vol.4, pp.79-87.

Mutti, A. 1998. *Capitale sociale e sviluppo,* Bologna: Il Mulino.

Newton, K. 1999. Social and political trust in established democracies. In P. Norris (Ed), *Critical citizens: Global support for democratic government.* Oxford: Oxford University Press, pp. 169-187

Pasquino, G. 2002. Una cultura poco civica. In M. Caciagli, P. Corbetta, *Le ragioni dell'elettore*. Bologna: Il Mulino, pp. 53-78.

Pellizzoni, L. 2005. Discutere l'incerto. In L. Pellizzoni, *La deliberazione pubblica*. Roma: Meltemi, pp. 91-114.

Rousseau, D., S. Sitkin, R. Burt, C. Camerer. 1998. Not so different after all: A cross-discipline view of trust. *Academy of Management Review* 23: 393-404.

Rumiati, R., D. Pietroni. 2001. *La negoziazione*. Milano: Cortina.

Schlager, E. 2002. Rationality, cooperation and common pool resources. *American Behavioral Scientist* 45: 801-819.

Shingles, R.D. 1988, Dimensions of subjective political efficacy and political trust: Their meaning measurement and significance, Paper presentato al Meeting Annuale della Midwest Political Science Association, Chicago.

Song, F. 2009. Intergroup trust and reciprocity in strategic interactions: Effects of group decision-making mechanisms. *Organizational Behavior and Human Decision Processes* 108: 164–173.

Tajfel H., J.C. Turner J.C. 1981. The social identity theory of intergroup behaviour. In S. Worchel and W.G. Austin (Eds), *Psychology of intergroup relations*. Chicago: Nelson Hall, pp. 7-24.

Trentini, G. 1997. *Oltre il potere. Discorso sulla leadership*. Milano: FrancoAngeli.

Van Lange, P. 1999. The pursuit of joint outcomes and equality in outcomes: An integrative model of social value orientation. *Journal of Personality and Social Psychology* 2: 337-349.

Wit, A.P., N.L. Kerr. 2002. Me versus just Us versus Us All' categorization and cooperation in nested social dilemmas. *Journal of Personality and Social Psychology* 83: 616-637.

# Note

[1]     I dilemmi sociali si raggruppano in due famiglie: dilemmi che riguardano la produzione di beni comuni (es. i servizi pubblici, le conquiste sindacali, ecc.) che si realizzano attraverso il contributi dei singoli, e dilemmi relativi all'uso di risorse comuni (tipicamente, le risorse ambientali). Per fare degli esempi: è vantaggioso per un cittadino non pagare le tasse, facendo sì che i servizi che vengono finanziati con quelle imposte possano ad un certo punto non essere più accessibili per tutti, incluso lo stesso evasore? Conviene ad un imprenditore non rispettare le norme sullo smaltimento dei rifiuti, danneggiando una risorsa come l'ambiente la cui distruzione è un costo per tutti, incluso il medesimo imprenditore?

[2]     Setting sta ad indicare l'insieme delle condizioni organizzative e mentali che definiscono un certo modo di fare qualcosa: tali condizioni, come suggerisce il significato di *set*, sono fisse, solide, prestabilite, e vanno a costruire lo sfondo, la cornice, lo scenario entro cui una certa attività si svolge.

[3]     Non va trascurato che la fiducia è un costrutto dinamico e in quanto tale è soggetto a fasi ascendenti e discendenti, rotture e ripristini (Fulmer e Gelfand 2011).

# Razionalizzazione e rapporto di fiducia nella forma di governo parlamentare

*Maurizia Pierri*

## 1. La fiducia nel diritto

L'elemento della fiducia, oggettivamente e soggettivamente inteso, in quanto connotato di un soggetto determinato o di un comportamento ritenuto appunto degno di *fides,* ha trovato ampio riconoscimento nella sfera giuridica, a partire dal diritto romano fino al moderno diritto civile che ne ha assorbito l'area semantica assurgendola a chiave interpretativa dei negozi conclusi *intuitu personae*.

La *fiducia cum creditore* era conosciuta come

la più antica forma di garanzia delle obbligazioni in diritto romano (Burdese 1975: 379 ma soprattutto 430-432) e consisteva in un atto solenne di alienazione (*factum*) con il quale il creditore si obbligava a restituire la cosa ricevuta in pegno dal debitore, a garanzia del pagamento del debito contratto.

La *fiducia cum amico*, invece era utilizzata per raggiungere finalità non perseguibili con gli strumenti formali posti a disposizione dallo *ius civile*, in particolare per realizzare gli scopi reali voluti dal deposito e dal comodato, quando questi contratti non erano ancora conosciuti, nonché dalla *manumissio*.

Nell'epoca classica l'istituto è stato sostituito dalle figure del pegno e dell'ipoteca, per poi sparire del tutto nell'età giustinianea.

Dal diritto romano il concetto è stato lasciato in eredità al diritto civile, permeando l'intera categoria dei negozi *intuitu personae*: nell'agenzia e nel deposito ad esempio, esso si palesa nell'affidamento alla personale esecuzione dell'impegno assunto. Nella proprietà fiduciaria si riscontra quando un soggetto che agisce in nome proprio acquista un bene per conto altrui, mentre viene espressamente menzionata nell'art. 627 del codice civile, con riferimento alla fiducia testamentaria.

Infine sul concetto di "buona fede" in senso soggettivo si fondano alcune norme civilistiche che producono effetti vantaggiosi ovvero escludono pregiudizi, in ragione dell'*animus* dell'agente: basti qui ricordare le disposizioni sul matrimonio putativo ovvero sul possesso di beni ereditari ovvero ancora e significativamente la disciplina codicistica sulla responsabilità che presiede la materia delle trattative tra le parti e della esecuzione del contratto.

## 2. La dimensione costituzionale del concetto di fiducia

Nel diritto costituzionale la fiducia ha sviluppato il suo potenziale istituzionale in riferimento alle forme di governo parlamentari, specialmente caratterizzate dal particolare rapporto tra Potere deliberante e Potere esecutivo: si parla infatti di fiducia in senso tecnico per indicare l'approvazione che viene data al Governo da parte delle Camere.

Le origini della fiducia come tratto caratterizzante della forma di governo parlamentare si rintracciano nelle vicende che accompagnarono la trasformazione della monarchia costituzionale inglese in monarchia parlamentare tra la seconda metà del Settecento e l'Ottocento: nell'emersione della figura del primo ministro[1], nell'organizzazione in parti contrapposte della Camera dei Comuni ma soprattutto nell'istituto dell'*impeachment* e cioè del procedimento attraverso il quale la Camera dei Comuni poteva far mancare il suo sostegno all'esecutivo. Si trattava di un parlamentarismo di stampo *monista* (in quanto l'indirizzo politico era affidato sostanzialmente all'asse Governo-Parlamento ed al rapporto di fiducia tra questi), a differenza di quello dualista tratteggiato in Francia dalla Costituzione francese del 1830, definito anche *monarchico orleanista* per il fatto che il Governo rispondeva sia al Re che al Parlamento.

La Carta Fondamentale italiana disciplina l'istituto della fiducia nell'art. 94 in modo estremamente sintetico, eppure delineandone le caratteristiche salienti. La fiducia è in primo luogo l'elemento che condiziona l'esercizio delle sue prerogative da parte dell'organo titolare del potere esecutivo, sia in senso sospensivo che risolutivo (commi I e III):

> Il Governo deve avere la fiducia delle due Camere. ...Entro 10 giorni dalla sua formazione il Governo si presenta alle camere per ottenerne la fiducia), sia in senso risolutivo, (comma II "Ciascuna Camera accorda o revoca la fiducia mediante mozione motivata e votata per accordo nominale.

La mozione di sfiducia deve inoltre essere firmata da almeno un decimo dei componenti della camera in cui sia stata proposta e non può essere discussa prima di tre giorni dalla sua presentazione, per dare al Governo il tempo di prendere eventuali contro-misure.

In base ai regolamenti parlamentari, inoltre, il Governo può porre la questione di fiducia in occasione di una deliberazione. In questo caso, diversamente da quanto dispone l'art. 94, IV comma della Costituzione:

> Il voto contrario di una o di entrambe le Camere su una proposta del Governo non importa obbligo di dimissioni,

in presenza di una votazione contraria effettuata con modalità identiche a quelle previste per la fiducia[2], il Governo è obbligato a dimettersi.

Pur nella loro laconicità, tali disposizioni rivelano lo scopo "razionalizzante" perseguito dai padri costituenti italiani e condiviso dai legislatori costituzionali dell'immediato dopo-guerra (Francia, 1946, Giappone 1946, Repubblica Federale tedesca 1949, Danimarca, 1953) e dei cicli costituzionali successivi, ispirati ai medesimi principi (Grecia, 1975, Spagna 1978): la formalizzazione al più alto livello della gerarchia delle fonti dei meccanismi di investitura del Governo e di controllo dell'operato del medesimo da parte delle Assemblee legislative.

3.    *Il rapporto di fiducia tra Governo e parlamento nelle razionalizzazioni*

## *parlamentari del primo e del secondo dopoguerra*

Il concetto di "razionalizzazione", ricorrente nella osservazione dei regimi parlamentari, per la verità non si riferisce soltanto al rapporto di fiducia che mette in relazione il Governo con il Parlamento, potendo essere inquadrato almeno in tre modi differenti, soltanto l'ultimo dei quali è strettamente correlato all'istituto della fiducia.

Esso può essere inteso (Carducci 1996: 28-29) nel senso di limitazione esplicita al potere parlamentare ottenuta non soltanto attraverso la procedimentalizzazione delle sue funzioni ma anche grazie al rafforzamento di un potere antagonista, il Governo, dotato di potenzialità maggiori sotto il profilo della efficienza decisionale.

La nozione può altresì riferirsi alla rivendicazione costituzionale della autonomia politica del Governo rispetto al Parlamento, derivante non (più) dalla risalente investitura regia ma dalla unicità del potere decisionale concepito come non condivisibile.

Infine, ed è questa la declinazione a nostro avviso maggiormente significativa, la concezione più diffusa è quella di stampo positivista e kelseniano elaborata da Boris Mirkine Guetzevitch, il quale riteneva che la razionalizzazione avesse l'intento di formalizzare nel testo costituzionale la vasta gamma di relazioni interorganiche che il parlamentarismo ottocentesco aveva lasciato a determinazioni fattuali e consuetudinarie. Se la volontà razionalizzante sembrava in prima battuta rafforzare il ruolo del Parlamento (attraverso l'istituzione di riserve di legge e di riserve di controllo politico), contestualmente però essa non rinnegava la necessità di un consolidamento della funzione di governo, dal momento che la regolamentazione perentoria del rapporto di fiducia non pregiudicava la libera iniziativa governativa ma la sottoponeva semplicemente al giudizio parlamentare.

La costruzione di un sistema bilanciato di regole in grado di rafforzare l'Esecutivo senza svilire il ruolo delle Assemblee, nell'Europa continentale ha segnato due stagioni di razionalizzazione successive ai conflitti mondiali, orientandone i conseguenti cicli costituzionali, nel tentativo di individuare dispositivi atti a garantire tanto la democraticità quanto l'efficienza della forma di governo parlamentare.

## 3. 1. La prima razionalizzazione parlamentare

Infatti dopo la grande guerra entrarono in vigore nel vecchio continente una serie di Costituzioni caratterizzate dal parlamentarismo "razionalizzato". La disciplina del rapporto di fiducia era affidata a norme scritte che stabilivano l'obbligo del governo di dimettersi nel caso di approvazione di una mozione di sfiducia da parte del parlamento. Era il segno di una visione monista (a prevalenza parlamentare) che si manifestava con evidenza nella costituzione austriaca del 1920:

> Il Governo federale o il ministro al quale, con una decisione formale, il Consiglio nazionale nega la sua fiducia, deve essere sollevato dalle sue funzioni" (art. 74).

Anche la coeva costituzione cecoslovacca,

nel complesso più moderata, affermava che:

> Se la camera dei deputati esprime la sua sfiducia al Governo, o se rigetta l'ordine del giorno di fiducia da lui proposto, il Governo è tenuto a rimettere le sue dimissioni nelle mani del presidente della Repubblica (art. 78).

In altri ordinamenti il bilanciamento tra i due poteri fondamentali era ispirato a maggiore equilibrio, in virtù dell'esistenza di un Presidente eletto con voto popolare.

Era il caso della Germania: la Costituzione di Weimar del 1919, frutto di un compromesso sociale, politico, ideale ed istituzionale disegnava un modello parlamentare dualista: da un lato

> Il Cancelliere del Reich e i ministri del Reich devono, per la realizzazione delle loro funzioni, godere della fiducia del Reichstag. Ciascuno deve dimettersi se il Reichstag toglie la fiducia con un voto espresso (art.54)

ma

> Il presidente del Reich può procedere allo scioglimento del Reichstag, ma solo una vol-

ta per lo stesso motivo (art. 24).

Il dato comune delle costituzioni apparte-
nenti al ciclo del primo dopoguerra (quelle ri-
chiamate sopra, cui possono aggiungersi la costituzione della Finlandia e della Polonia) era
la formulazione netta e circostanziata del parlamentarismo, mentre in precedenza le carte
fondamentali si erano limitate ad affermare il
principio della responsabilità ministeriale collettiva (Mirkine-Guetzévitch 1931: 20).

La razionalizzazione compiuta in quel periodo storico aveva la pretesa di tradurre un
processo "politico" in processo "giuridico",
trasferendo i "fatti" in norme giuridiche, nello
sforzo di far rientrare il complesso realizzarsi
della vita politica nella cornice del diritto. A
ciò tendeva la regolamentazione del voto di
fiducia e di sfiducia: ad evitare un parlamentarismo "burrascoso" (Mirkine-Guetzévitch
1931: 24) e cadute di governi repentine, ine-
vitabilmente causa di instabilità.

Se si osserva l'art. 24 (par. 75 e 76) della Costituzione Cecoslovacca del 1920, si nota che
era richiesto un quorum per la sfiducia (mag-

gioranza assoluta della Camera) ed anche il
voto nominale; inoltre la proposizione del
voto di sfiducia doveva essere sottoscritto da
100 deputati per poi essere sottoposto ad una
particolare procedura (comunicazione ad un
comitato speciale che ne presentava rapporto
entro otto giorni).

Disposizioni simili erano presenti nelle Costituzioni dello Stato libero della Prussia del
1920 (art. 57, che prevedeva un minor numero di sottoscrizioni) e nella coeva Costituzione federale della Repubblica d'Austria (art. 74,
che pretendeva solo un *quorum* strutturale).

Un sistema di protezione estremamente originale era invece contenuto nella Costituzione Greca del 1927, che nell'art. 89 attribuiva
al Governo una durata legale di almeno due
mesi, oltre a disporre che il voto di sfiducia
fosse sottoscritto da almeno 20 deputati, salvo
che ad approvare la mozione fossero la metà
dei deputati.

Era evidente ancora una volta lo sforzo,
sostenuto dai *framers* dell'epoca (tra i quali
erano annoverati giuristi del calibro di Hans
Kelsen e Hugo Preuss) di racchiudere nel di-

ritto scritto l'insieme della vita istituzionale, in modo da trasformare il "politico" e "sociale" in giuridico: in altre parole era evidente il tentativo di *razionalizzazione del potere*.

L'elemento metagiuridico della politica, che la miglior dottrina definirebbe "metaformante" (Sacco 1992: 438-432, Scarciglia 2006: 60-68., Pegoraro, Rinella 2002: 32) ne risultava ridimensionato, quanto meno a livello teorico, assecondando una tendenza alla formalizzazione delle prassi consuetudinarie che caratterizzò per lungo tempo il divenire costituzionale moderno.

La risposta operativa allo iato tra *sein* e *sollen*, tra pratica e teoria del parlamentarismo era riposta nella procedimentalizzazione formale del rapporto di reciproca dipendenza tra Potere legislativo ed esecutivo: le regole stigmatizzate nelle costituzioni del primo novecento avrebbero dovuto risolvere il problema della eccessiva fragilità dei governi e del disordine istituzionale. Il regime prescelto fu quello francese, meno pragmatico di quello inglese ma più incline ad essere sistematicizzato, dogmaticizzato, dunque razionalizzato.

## 3. 2. *La seconda razionalizzazione parlamentare*

Purtroppo le disposizioni adottate nei testi costituzionali non diedero i risultati previsti, fallendo dinanzi all'avanzata fascista.

Proprio la Costituzione emblema di quella stagione, quella di Weimar offrì a Hitler il:

> [...] grimaldello con cui, in conformità alla Costituzione con la sua contestuale drammatica sospensione, il Nazismo potrà imporsi legalmente, invocando il popolo come comunità per soffocare tutte le libertà (Carducci 2009: 365).

L'art. 48 abilitava infatti il Presidente della Repubblica ad assumere gli interventi necessari:

> [...] al ristabilimento dell'ordine e della sicurezza pubblica, quando essi siano turbati in modo rilevante, e, se necessario intervenire con la forza armata. A tale scopo può sospendere in tutto o in parte l'efficacia dei diritti fondamentali [...],

in altri termini autorizzava il presidente del

Reich ad adottare misure repressive su poteri e libertà, per ragioni solo genericamente determinate: termini come "sicurezza" e "ordine" si distinguono per l'indeterminatezza della loro cornice semantica, che molto spazio lascia all'interprete.

Nonostante il fallimento di quel modello, le costituzioni del secondo dopoguerra tornarono ad ispirarsi al parlamentarismo razionalizzato, non rinnegarono le sue basi teoriche ma le assunsero a parametro di riferimento delle scelte di ingegneria costituzionale concretamente adottate, quasi che

> [...] la forza della logica giuridica *fosse* tale da conservare il principio di una procedura parlamentare nonostante il completo fallimento dei regimi che l'hanno praticata (Mirkine-Guetzévitch 1951: 215, corsivo mio).

L'elemento di novità delle nuove costituzioni razionalizzate, approvate dopo il 1945 era semmai nella previsione di organi (come il capo dello Stato e le Corti costituzionali) chiamati a mediare gli scontri tra i poteri dello Stato al fine di evitare gli effetti distruttivi sperimentati nel periodo tra le due guerre.

In Francia la III Repubblica (1875-1940), caratterizzata da un parlamentarismo a prevalenza assembleare di matrice convenzionale più che legislativa (Volpi 2009: 326), lasciò il posto alla IV Repubblica, grazie all'approvazione con referendum popolare del 1946 di una nuova costituzione, che introduceva una forma di governo parlamentare razionalizzata monistica. Gli elementi di razionalizzazione erano rappresentati dal procedimento di formazione del Governo e dalla disciplina della questione di fiducia: per quanto riguarda il primo, l'art. 45 prevedeva che il Presidente del Consiglio venisse prima designato dal Presidente della Repubblica e poi ottenesse la fiducia dell'Assemblea nazionale a maggioranza assoluta dei suoi componenti; soltanto dopo veniva nominato dal Capo dello Stato, insieme ai Ministri da lui scelti. Questa la lettera della Carta Fondamentale, che avrebbe dovuto garantire un legame forte tra i due poteri e dunque una certa stabilità: nella prassi la forte frammentazione dell'assemblea (dovuta al multipartitismo estremo) ha spinto più volte il Presidente del Consiglio a chiedere nuovamente la fiducia insieme al suo gabinetto; oppure è accaduto che questi non sia riuscito a formare una maggioranza o abbia creato un gruppo debole destinato a cadere in breve tempo. Ancora una volta la politica ha prevalso sulla tecnica costituzionale[3].

Né l'Italia vanta una esperienza differente. La decisione di dar vita ad una forma di governo parlamentare emerse in seno alla Seconda Sottocommissione con l'ordine del giorno Perassi, che richiamava espressamente l'esigenza di tutelare la stabilità dell'azione di governo ed evitare le degenerazioni del parlamentarismo[4]. Accanto a quella forma di governo si scelse per l'assemblea legislativa un sistema elettorale fortemente proporzionale, che appariva il più idoneo a garantire un modello costituzionale fondato sul compromesso tra diverse forze politico-ideali (Bartole 2004, sul quale polemicamente Bognetti 2005).

Ancora una volta la razionalizzazione della forma di governo è affidata alla disciplina del rapporto di fiducia, anche se, come accennato in precedenza, un ruolo importante venne attribuito alla figura del Presidente della Repubblica, organo-potere distinto da quello esecutivo.

L'impianto regolativo descritto nel primo paragrafo (voto di fiducia-mozione di sfiducia-questione di fiducia) avrebbe dovuto garantire una maggiore stabilità all'esecutivo ed affidare al Parlamento la funzione di controllo dell'attività di Governo. La prassi ha sovvertito le aspettative dei padri costituenti: le crisi di governo sono state quasi tutte extraparlamentari (solo il primo ed il secondo governo Prodi, rispettivamente nel 1998 e nel 2008 sono caduti per un voto contrario su una questione di fiducia, mentre tutti gli altri esecutivi sono caduti in ragione di crisi extraparlamentari, a volte cagionate dal venir meno della maggioranza parlamentare rispetto ad una iniziativa legislativa ritenuta tanto importante da implicare *politicamente* e non *giuridicamente* la necessità di dimettersi).

Il tentativo di razionalizzazione si è dimostrato debole ed incapace di garantire stabilità all'esecutivo, e la forma di governo prescelta estremamente permeabile all'azione di partiti ed alle evoluzioni del sistema politico (Elia 1970: 634-675).

Le vicende istituzionali dell'ultimo ventennio ne sono una prova: la riforma dei sistemi elettorali di Camera e Senato nel 1993[5] e nel 2005[6], che hanno trasformato il sistema da proporzionale a maggioritario ed infine a proporzionale corretto da soglie di sbarramento e con premio di maggioranza, il bipolarismo imperfetto[7] che ne è scaturito, il funzionamento solo tendenzialmente maggioritario della forma di governo e lo squilibrio in favore della maggioranza, tradiscono il fallimento del nuovo sistema di razionalizzazione, che oltretutto nell'ultimo periodo si è giocato solo al di fuori del tessuto costituzionale[8].

*4. Il tema della fiducia tra razionalizzazione della forma di governo parlamentare e razionalizzazione del potere*

Le esperienze italiana e francese testimoniano la difficoltà di razionalizzare il parlamentarismo attraverso la semplice procedimentalizzazione, sancita da norme costituzionali, del rapporto fiduciario tra Governo e Parlamento.

Le vicende sintetizzate nel paragrafo precedente sembrano descrivere un reiterato tentativo di riduzione a schema della realtà e di conseguente "cattura" e formalizzazione della fiducia finalmente istituzionalizzata e ricondotta nell'alveo del diritto positivo.

In alcuni ordinamenti il tentativo ha funzionato: il parlamentarismo tedesco congegnato dalla Grundgesetz del 1949 si è distinto per la sua grande stabilità, connessa anche alla particolare disciplina della questione di fiducia e, soprattutto, della mozione di sfiducia costruttiva in base al quale il *Bundestag* può votare la sfiducia al Cancelliere solo se ne elegge uno a maggioranza assoluta. Ma il dubbio è che altri elementi, come la struttura statale federale, o il regime di scioglimento del *Bundestag* o ancora il sistema elettorale (proporzionale ma fortemente selettivo) contribuiscano in maniera determinante alla stabilità del Governo.

Negli ordinamenti francese e soprattutto italiano, sembra che la fiducia sia qualcosa di più di un istituto giuridico e tenda a riappropriarsi della sua dimensione politica: è l'espressione dell'affidamento sulla coerenza dell'azione del Governo rispetto ai valori condivisi dalla maggioranza in carica, a sua volta proiezione della maggioranza dei cittadini.

Quest'ultimo passaggio costituisce il nesso logico tra l'argomento della fiducia ed il problema della legittimazione del potere e conseguentemente della sua razionalizzazione, poiché riproduce a livello interorganico la relazione dialettica tra Stato e società civile, che connota la "forma" di uno stato.

Di recente quella locuzione è stata abbandonata per la perifrasi "formule politiche istituzionalizzate" (Lombardi 1986: 69 o come regime politico, Lanchester 1994: 1,7-25) proprio in ragione della maggiore ampiezza semantica ed anzi ontologica di quest'ultima definizione, incline ad accogliere al suo interno anche elementi extra-giuridici.

Conseguentemente, se la sostanza politica e ideologica (ma anche sociale, economica ed in ultima analisi culturale) contribuiscono a rappresentare la "forma di uno Stato", al di là dello schema organizzativo che scaturirebbe dalla sua raffigurazione in termini puramente giuridici, quella stessa sostanza può essere completamente espunta dall'intreccio di relazioni tra i suoi poteri/organi fondamentali?

Quali sono i vantaggi euristici di una purificazione del dato giuridico dalle eventuali contaminazioni determinate da altri sistemi con esso interagenti?

Si può ritenere che tali contaminazioni costituiscano di per sé un *deficit* nel funzionamento delle istituzioni?

La garanzia della impermeabilità politico-sociale dei Poteri esecutivo e legislativo, intesa come autoreferenzialità delle regole giuridiche sottese al loro funzionamento, risolve il problema della stabilità della "fiducia" attribuita dalla assemblea elettiva al collegio esecutivo e, ancor di più, della "fiducia" dei cittadini verso istituzioni, fonte ultima di legittimazione del potere da queste esercitato?

È forse preferibile un sistema fragile per quanto attiene alla continuità dell'azione di governo, a causa di un sistema elettorale che concede l'ingresso in Parlamento anche a forze minoritarie e potenzialmente destabilizzanti o un sistema stabile dal punto di vista della durata in carica dell'esecutivo ma in presenza di un forte dissenso da parte della società civile? In altri termini, è preferibile una continua crisi di governo o una perdurante crisi di legittimità delle istituzioni? Nel primo caso sarebbe la "fiducia" in termini tecnici a venir meno, nel secondo l'asse portante della vita democratica di un Paese.

Infine, quanto incide sul principio di sovranità popolare e dunque sull'affidamento dei cittadini verso le istituzioni, un sistema elettorale che spezza l'asse tra elettori e assemblea legislativa selezionando a monte i futuri rappresentanti? La soluzione di continuità nel rapporto di fiducia tra elettori ed eletti non intacca forse anche la fiducia tra questi ultimi ed il potere esecutivo?

Non è questa la sede per porsi ulteriori interrogativi, che richiederebbero una approfondita riflessione intorno alla natura del Potere statale ed ai limiti al suo esercizio che scaturiscono dalla sua origine consensuale (in relazione ala quale ci si limita a rinviare alle trattazioni, diverse in quanto ad approdo teorico sulla struttura dello Stato, ma accomunate dalla idea di un *pactum societatis* iniziale: Locke 1690, Rousseau 1762), tuttavia non si può evitare di sollevare un dubbio sulla insensatezza degli sforzi di ricomporre totalmente la dialettica tra Parlamento e Governo, che si esprime nella attribuzione o nel ritiro della fiducia del primo rispetto al secondo, entro schemi riflessivi di una logica puramente giuridica: l'eccessiva attenzione per gli aspetti procedimentali-formali potrebbe condurre all'esito paradossale di un esecutivo inamovibile, a fronte di una società civile che non ne condivide altrettanto stabilmente l'operato e che non riesce attraverso i suoi rappresentanti a manifestare il venir meno della *sua fiducia*, quella originaria, quella che giustifica ogni modalità di esercizio della sovranità.

Come lucidamente dichiarava nel marzo 1954 Mirkine-Guetzévith:

[...] L'Europa parlamentare è malata. La sua

guarigione esige altri rimedi che non dei semplici aggiustamenti tecnici o riforme funzionali...La democrazia non è una tecnica, ma un comportamento, un impegno, una ricerca di etiche[...] (Mirkine-Guetzévitch 1951: 230).

# Riferimenti bibliografici

Bartole, S., 2004. *Interpretazioni e trasformazioni della costituzione repubblicana*. Bologna: Il Mulino.

Bognetti, G. *Per una storia autentica e integrale della Costituzione repubblicana (appunti a margine di un libro di S. Bartole),* in www.associazionedeicostituzionalisti.it

Burdese, A. 1975. *Manuale di diritto privato romano.* Torino: UTET.

Carducci, M. 1996. *Controllo parlamentare e teorie costituzionali.* Padova: Cedam.

Carducci, M. 2009. *La Costituzione di Weimar in Codice delle Costituzioni,* a cura di G. Cerrina Feroni, T. E. Frosini, A. Torre. Torino: Giappichelli.

Elia, L. 1970. Voce *Governo* (forme di). In *Enciclopedia del diritto*, volume XIX. Milano: Giuffrè, pp. 634-675.

Lanchester, F. 1994. *Alcune riflessioni sulla storia costituzionale.* In *Quaderni costituzionali,* fasc. 1, pp. 7-25.

Locke, J., 1690. *Two Treatises of Government,* tr. it. 1982. *Due trattati sul governo*, a cura di L. Pareyson. Torino: Utet.

Lombardi, G. 1986. *Premesse al Corso di diritto pubblico comparato. Problemi di metodo.* Milano: Giuffrè.

Mirkine-Guetzévitch, B. 1951. *L'échec du parlementairisme «rationalisé»*, tr. it. 2009. *Comparazioni teoriche e razionalizzazioni costituzionali.* Lecce: Pensa Editore.

Mirkine-Guetzévitch, B. 1931. *Les nouvelles tendances du Droit constitutionnel*, tr. it. 2009. *Comparazioni teoriche e razionalizzazioni costituzionali.* Lecce: Pensa Editore.

Pegoraro, L., A. Rinella 2002. *Introduzione al Diritto pubblico comparato.* Padova: Cedam.

Rousseau, J.J. 1762. *Contrat social*, tr. it. *Il contratto sociale.* 1979. In Id. *Scritti politici* a cura di P. Alatri. Utet: Torino.

Sacco, R. 1992. Voci *Crittotipo* e *Formante.* In *Digesto italiano, Discipline privatistiche* – Sez. civ., risp. vol. V, pp. 3-22 e col. VIII. Torino: Utet, pp. 438-432.

Scarciglia, R. 2006. *Introduzione al diritto pubblico comparato.* Bologna: Il Mulino.

Volpi, M. 2009. *La classificazione delle forme di governo.* In *Diritto pubblico comparato.* Torino: Giappichelli, p. 326.

# Note

1      Legata alla persona di Robert Walpole, premier durante il regno di Giorgio I di Hannover.

2      Appello nominale e voto palese.

3      La forma di governo della IV repubblica francese è stata più volte ritoccata con riforme atte proprio a stabilizzare il sistema: nel 1951 venne modificato il sistema elettorale proporzionale e nel 1954 venne ritoccato l'art. 45 della costituzione con la previsione di una maggioranza semplice per il voto di fiducia che però accomunava sia il Presidente del Consiglio che i Ministri che i Ministri. In ultimo la crisi della IV Repubblica determinata sia da cause politiche che istituzionali ha definitivamente trasformato la forma di governo in semipresidenziale: nel 1962 è stata infatti sancita l'elezione a suffragio universale del presidente della Repubblica, che ha determinato, di fatto il passaggio alla V Repubblica.

4      Gli atti della II sottocommissione del 5 settembre 1946 sono consultabili su http://legislature.camera.it/_dati/costituente/lavori/

5      Le leggi 276 e 277 del 1993 (cosiddetto Mattarellum).

6      Legge n. 270 del 21 dicembre 2005, cosiddetto "porcellum", secondo una definizione di G. Sartori.

7      Imperfetto per varie ragioni, la più importante delle quali è a nostro avviso che le coalizioni sono accomunate da mera convenienza elettorale cui non fa riscontro un universo assiologico comune: la conseguenza è che gli attriti tra partiti che hanno determinato l'instabilità dell'esecutivo prima della stagione di riforme, si sono riproposti all'interno

delle coalizioni confezionate in vista delle elezioni.

8       Infatti il progetto di riforma dell'intera parte seconda della Costituzione, elaborato nel 1997 dalla Commissione bicamerale per le riforme costituzionali istituita con la legge costituzionale n.1 del 1997, è naufragato, così come un disegno di legge costituzionale approvato dalla maggioranza nel 2005 si è scontrato con la diversa volontà popolare, emersa nel referendum del giugno 2006.

# Gli Autori

**Alberta Giani.** Dopo una lunga esperienza di insegnamento e di formazione nelle scuole secondarie, è diventa ricercatrice confermata di psicologia dello sviluppo e dell'educazione presso il Dipartimento di Scienze Pedagogiche, Psicologiche e Didattiche dell'Università del Salento. Gli ambiti di studio ed approfondimento riguardano fondamentalmente i contesti scolastici, il processo di apprendimento, con particolare attenzione all'ambito emotivo/affettivo, la costruzione di rapporti di fiducia nell'ambito della mediazione insegnante/alunno e nell'organizzazione scolastica, i processi di comprensione dei testi.

Nel 2010 ha pubblicato, a sua cura, una raccolta di saggi dal titolo "Quale fiducia? Riflessioni su un costrutto complesso", edito da Armando.

**Giovanni Scarafile** è ricercatore di filosofia morale e docente di Etica e deontologia della comunicazione e di Cinema, fotografia, televisione nell'Università del Salento.

È autore di diverse monografie ed articoli in sede nazionale ed internazionale. È membro della SCSMI, Society for Cognitive Studies of Moving Images, dell'Association Internationale pour l'Etude des Rapports entre Texte et Image e dell'IASC, International Association for the Study of Controversies. Autore di diverse monografie, ha recentemente pubblicato alcuni saggi su *Kairos. Journal of Philosophy & Science*, edito dal Centro de Filosofia das Ciências dell'Università di Lisbona e su *RIA. Revista Iberoamericana de Argumentación* edita dal Departamento de Lógica, Historia y Filosofía de la Ciencia dell'UNED di Madrid.

*A crua palavra*, un suo libro-intervista al filosofo israelo-brasiliano Marcelo Dascal, pubblicato nel Settembre 2010 in inglese, è stato tradotto in otto lingue.

**Terri Mannarini** è professore associato di Psicologia Sociale presso l'Università del Salento. I suoi interessi di ricerca si focalizzano sulle dinamiche dell'azione collettiva (movimenti di protesta, attivismo civico, minoranze attive) e della partecipazione pubblica (pratiche di governance, processi decisionali inclusivi, esperienze di democrazia partecipata e democrazia deliberativa), nonché sui modelli e i metodi per lo sviluppo di comunità (intervento sociale, analisi del territorio, relazioni intergruppi, identità collettiva). Recentemente ha pubblicato il volume *Cittadinanza attiva. Psicologia sociale della partecipazione pubblica* (il Mulino, 2009). Altri lavori, sempre sui temi della partecipazione civica e politica, sono apparsi all'interno di volumi collettanei italiani e stranieri e su riviste nazionali e internazionali

**Maurizia Pierri** è professore aggregato di Diritto Pubblico Comparato (2010) e segretaria del Centro di Studi Economici dell'Università del Salento. Presso il medesimo Ateneo ha conseguito nel 2009 il dottorato internazionale in "Sistemi politici e giuridico sociali comparati". È esperto di servizi pubblici (nominato con D.P.C.M. del 18 aprile 1995) ed a tale titolo dal 1992 al 2004 ha prestato attività di consulenza presso l'Autority di garanzia dello sciopero nei servizi pubblici essenziali, istituita con legge n.146/1990. È autrice di saggi e monografie, l'ultima delle quali è *Autorità indipendenti e dinamiche democratiche*, edita dalla Cedam nel 2009.

www.ingramcontent.com/pod-product-compliance
Lightning Source LLC
Chambersburg PA
CBHW060858280326
41934CB00007B/1095